ワーママでも簡単！
子どもが喜ぶおうちレシピ61

伝説の家政婦

志麻さんがうちに来た！

タサン志麻

世界文化社

頑張らなくていい——フランスの家庭料理から学んだこと

タサン志麻

フランス家庭料理の知恵が、ワーキングマザーを助けます

この本は、子育て真っ最中の、ワーキングマザーの日々の食卓に役立つように作りました。

私は料理専門の家政婦です。依頼の多くは、働きながら子育てしている家庭です。離乳期の赤ちゃんから、お弁当作りや栄養バランスが気になる中学生まで、子どもの年齢に応じてリクエストもさまざま。共通しているのは、どんなにあわただしい毎日でも、食事だけは大切にしたいという思いです。家族の健康と成長に気を配りつつ、おいしいと喜んでくれる料理を用意したい。そんな悩みにも似た注文に耳を傾けながら、どうしたら希望にこたえられるか、考えてきました。

私は、フランス料理を調理師学校で学び、フランスで修業したあと、帰国して約15年間、レストランなどでお客さまの特別な日のための料理を作ってきました。充実した歳月でしたが、その一方で、フランスの家庭の、毎日ほっとするおいしい素朴な料理にも惹かれていました。

フランスでも、仕事をしながら子どもを育てている家庭は多いのですが、夫のパリの兄弟や友人の家庭を見ると、親も子どもと一緒にゆったりと食事の時間を過ごしています。その光景はとても新鮮でした。フランスの家庭料理が、実は子育て真っ最中の親にとても助かる料理だと気づいたのは、私自身が母親になってからです。無理して頑張らなくても、こんなにおいしくできるんだとあらためて実感したのです。

本書では、お子さんのいる6軒のお宅を訪ね、各家庭のリクエストにこたえながら3時間で10品以上の料理を作りました。忙しい家族の食卓を幸せにする、フランスの家庭料理のエッセンスをお伝えできたらと思います。

SHIMA'S SPÉCIALITÉ 'message'

メッセージ1
献立がシンプル、だからゆとりの台所

フランスのお母さんは、台所でゆったり食事を作っています。テーブルに腰かけてワインを飲みながらおしゃべりしたり、野菜の皮をむきながら子どもの話に耳を傾けたり。このゆとりの第一の理由は、フランスの家庭料理のシンプルな献立にあると思います。

メインディッシュにサラダとパン。余裕があったら、スープ。食後のデザートがあれば最高に幸せ。これで、その日の食卓はできあがりです。一回の食事に幾種類もの料理を並べて栄養のバランスをとる日本の献立とは違って、メインディッシュの中にさまざまな野菜やタンパク源を取り込んでいます。

道具も調理法もシンプルです。メインディッシュは大きく2種で、「煮込む」と「焼く」。肉と野菜を鍋で煮込む(または蒸し煮する)料理と、ステーキやローストのように肉や魚を焼いて野菜を添える料理です。各家庭のお気に入りの料理として、あるいは特別な日の料理として、グラタンやパイや揚げ物をすることもありますが、ふだんの食卓はほとんどこの2つの調理法といってもいいと思います。

また、フランスのお惣菜は、できたてを急いで食べなくては、というものは少なく、何日かは

「志麻さんのスペシャルメッセージ」

心を満たすスープ

デザートがあればもっと幸せ

楽しめ、また冷凍できるものも多いようです。

フランスでは、スーパーマーケットの冷凍食品の売り場面積が日本とは比べ物にならないくらい広く、品ぞろえも充実しているのは、冷凍してもおいしさが損なわれにくい料理がたくさんある証拠でしょう。

メッセージ2
煮込み料理で、ゆったりした時間を

煮込み料理は、鍋で肉を焼いて、そこに野菜を切ったそばからどんどん加えていけば、あとは火にかけた鍋をときどき気にするだけです。できあがるまでほかの家事をすませたり、子どもの相手ができたりします。

できあがったら鍋ごとテーブルに出して、「今日はこれくらい食べるかしら」「もっと!」などと会話しながら取り分けて、食卓に温かい雰囲気が漂います。

煮込みに使うのは、肉は豚や鶏、野菜は玉ねぎ、じゃがいも、にんじんなど身近な食材。買い置きできるものが多く、これに季節の素材を組み合わせます。

また、使う食器が少なくてすむのも、あなどれない魅力です。

メッセージ3
オーブンを使いこなそう

もう一つの代表的な献立である焼く料理

3 フランスの家庭料理は、オーブンが大活躍

では、オーブンが大活躍。牛でも豚でも鶏でも、肉はかたまりで買って、オーブンでローストにします。オーブンなら、肉とつけ合わせの野菜が一度にできあがります。

肉の表面に塩こしょうをしっかりふって天板にのせ、じゃがいもやにんじんやかぶなどの野菜をまわりに並べます。肉から出る脂と肉汁が野菜にしみて、おいしく焼きあがります。

天板にたまった肉汁を小鍋に移して、ワインを加えて煮詰めれば、ソースのできあがり。かたまり肉を切り分けて食べるのは、豪華な気分で楽しいものです。

メッセージ4

味にメリハリをつける

私が調理で気をつけているのは、味にメリハリをつけること。焼く場合も煮込む場合も、肉や魚にはしっかり塩をし、そのあとの塩加減は控えめにします。こうすることで、その料理を最後までおいしく味わうことができるのです。

焼く料理では、肉にしっかり塩をふって強火で焼きつけ、おいしさを閉じ込めます。そのかわり、つけ合わせる温野菜は塩を入れずにゆでます。塩ゆでするとした塩味が均一に入ってしまうので、それを避けて、野菜それぞれのおいしさをそのまま残し、盛りつけてから自分で塩、こしょうやソースをつけていただきます。

SHIMA'S SPÉCIALITÉ 'message'

「料理は毎日のこと。頑張りすぎないで」

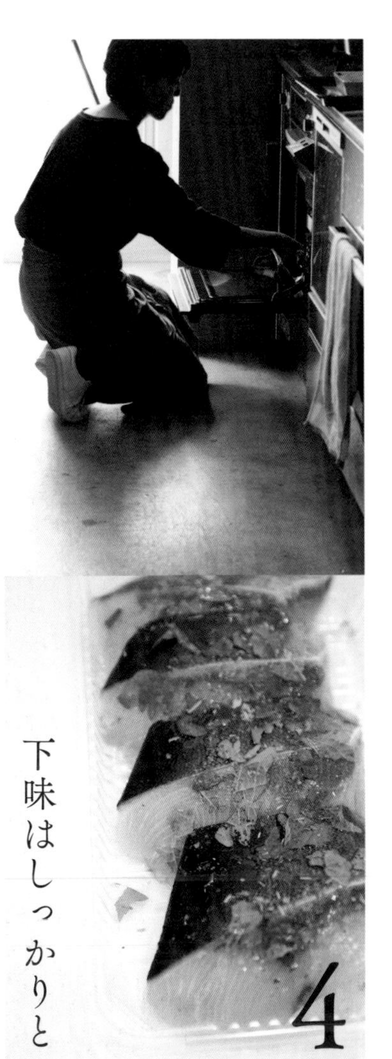

4 下味はしっかりと

煮込む料理でも、最初に肉にしっかり塩をふって強火で焼きつけますが、野菜を加えて水分を入れたあとは、スープ自体はおだやかな味にします。こうすることで、肉や野菜のおいしさが引き立ち、うまみが溶け出したスープもたっぷり味わえます。

メッセージ5
野菜のおいしさを引き出して

私がもう一つ大切にしているのが、野菜のうまみを引き出すことです。

スープを作るときや煮込み料理を作るときは、たいていの場合、水分を加える前に野菜に軽く塩をふって炒めます。塩によって水分が出て、野菜が持っているうまみが凝縮されます。そして野菜から出た水分がスープに溶けて、味わいが深くなります。

特に玉ねぎはスープの味のベースになるので、野菜の中でも玉ねぎを最初にじっくり炒めて、甘みを引き出すことをよくします。

メッセージ6
味つけがシンプル、だからわが家の味が作れる

フランス料理と聞くと、バターや生クリームをたっぷり使った重たい肉料理をイメージする方が多いかもしれません。でもこれはレストランの料理。毎日食べる家庭料理はそうでは

ありません。野菜をたくさん使いますし、味つけは塩こしょうが基本で、塩で肉や野菜のうまみを引き出します。

和食のだしと同様に、フランス料理でもスープストックは味のベースです。コトコト煮だしたブイヨンは最高ですが、時間のない毎日にはコンソメキューブに助けてもらいます。銘柄によって味も塩分もずいぶん違うので、お気に入りを探してください。

あとは、トマト缶、ワイン、バターなどでベースの味に変化を出します。少ない基本の調味料をシンプルに組み合わせるからこそ、その家庭の味を作っていくことができるのがフランス家庭料理の奥深さです。

メッセージ7
味見が時短のいちばんの近道

この本のレシピには、仕上げるタイミングに「味を見て、足りなければ塩」とくり返し書いています。これは「ここで必ず塩を」という指示ではなく、「味見をして、あなたが薄く感じたら塩を足してください」という意味です。

味見は、料理を手早く作る一番の近道だと思います。いつもレシピを見て計量しながら作るのは手間もかかりますが、レシピに頼らなくても自分なりの味が出せるようになれば、楽なはず。そのためには、味見のひと手間

「そして、食事を楽しむことが一番大切」

8 大人も子どもも同じものを食べる

を惜しまないこと。味を見るくせがつくと、レシピを見る回数は少なくなります。

それに、塩や砂糖は種類やブランドによって大きな違いがあります。フライパンや鍋もそれぞれ火通りが違うし、コンロやオーブンの火力も違います。レシピに書かれたとおりにしても、思いどおりにならないことがあります。

レシピに示した分量は最初の目安として考えて、ぜひ自分の舌で味を見たり、自分の目で鍋の中の状態を見たりしながら作ってください。そうすると、だんだんレシピに頼らないで手早く作れるようになっていきますよ。

メッセージ8
家族と食事を楽しんで

こんなふうに、フランスの家庭料理には、頑張りすぎなくてもおいしい食卓を作れる要素がたくさんあります。お母さんが肩の力を抜いて料理を楽しんでいたら、パートナーも子どもも参加しやすくなると思います。みんなで当たり前に料理を作り、当たり前に後片付けをするようになればいいですね。

食事をしながら楽しくおしゃべりして、笑い合い、作った料理の話に花を咲かせるうちに、家族が料理作りに関心を持ってくれるような気がします。お母さんが一人で抱え込まないで、家族みんなで、料理を作るのも食べるのも楽しんでもらえたらと思います。

CONTENTS

PART 6 H家の場合（父・母・長女の3人家族）

この本のきまり
・大さじは15㎖、小さじは5㎖です。
・電子レンジの加熱時間は、600Wを目安にしています。
・材料表の人数は、おおよその目安です。
・野菜類はとくに表記がない場合、洗う、皮をむくなどの作業をすませてからの手順で紹介しています。

PART 1

'M' FAMILY

帰ったらすぐに食べたい！大皿料理10

PROFILE
母：N・Mさん（46歳）
職業：看護師
家族構成：母・長男（12歳）

「野球少年の12歳の息子は食欲旺盛。体の土台を作る年齢だから、しっかり食べさせたい。でも、子どもも私も最近ちょっと太り気味」

私は修業時代からフランスの家庭料理の気取らないおいしさに惹かれてきましたが、結婚して子どもが生まれ、家族のために作るようになってから、栄養のバランスもよいことに気づきました。フランスで街を歩いている人を見ると、ぶくぶく太っている人はあまり見かけません。体は大きいけれどがっちりしている印象です。

彼らは肉をしっかり食べ、つけ合わせの野菜をどっさり盛りつけ、サラダはテーブルの真ん中に大皿盛りでドンとのっています。煮込みにもさまざまな野菜がたくさん入っています。味つけも塩とこしょうが基本で、砂糖はあまり使いません。

また、家でもコース料理のように、野菜から食べる習

'M' FAMILY

キッチンからいいにおいだね。おなかすいた！

レタスにクリームチーズを溶かして、コクのあるポタージュに。

余計なストックがない冷蔵庫内はすっきり。

慣がついています。パンは私たちの感覚でいう「主食」ではなく、料理の引き立て役のようなもの。これだけでおなかいっぱいになるほど食べません。お皿に残ったおいしいソースをパンでぬぐいながら、毎食一～二切れ食べる程度です。

このように、高タンパクで低糖質、炭水化物が控えめで野菜もたっぷり食べるフランスの家庭料理は、ヘルシーな献立のヒントになるのではないでしょうか。

小さいお皿に盛りつけた料理を幾種類も並べるのは、大人には迷い箸するくらい楽しいものですが、待ったなしの食欲の育ちざかりには、野菜と肉がバランスよく入った煮込みの一皿がうれしいでしょう。

このお宅のお母さんも、毎日フル回転の忙しい職場ですから、体力も使うことでしょう。お子さんのためだけでなくお母さんのためにも、ボリュームがあって、健康的な料理を考えたいと思います。

食べごたえとヘルシーの両方を満たす献立を考えましょう。

「高タンパク質で低糖質の、ヘルシーな食事のアイデア、ありますか？」

豆、卵、豚肉と鶏肉、そして乳製品。良質のタンパク源です。

鶏むね肉の
きのこクリーム
ソース
P.23

アクアパッツァ
P.26

カルボナーラ
P.27

彩り野菜の
コールスロー
P.25

ウフ・ココット
P.28

3時間で10品、できあがり！

フランクフルトのミックスビーンズ添え
P.22

レタスのポタージュ
P.21

プティ・ポ・キャラメル
P.30

豚肉のコルドンブルー風
P.25

ムサカ
P.28

教えて、志麻さん！1

仕事帰りに、買い物に取られる時間をできるだけ省きたい。帰ったらパパッと作りたい。

作りたいときにすぐ作れるボリューム煮込み

豆は「畑のお肉」といわれるように、良質のタンパク質を多く含んでいます。フランスでは豆をよく食べます。日本の豆料理は、たいてい甘辛く煮て副菜や常備菜にしますが、フランスの家庭料理は肉といっしょにスープで煮て、メインディッシュのつけ合わせとしてたっぷり食べることが多いのです。

今日は、子どもが好きなソーセージを加えて、これだけでメインディッシュになるように作りました。フランクフルトのミックスビーンズ添え（p.22）です。

ミックスビーンズに、玉ねぎやにんじんやキャベツといった野菜を加えて、コンソメスープで煮込みます。フランクフルトは最後に入れます。ミックスビーンズは、缶詰や冷凍、真空パックなど、保存できてすぐ使える状態で売られているので便利です。

形をそろえて切ることは、どんな料理にもけっこう大事。火の入り方がそろっておいしくなる。

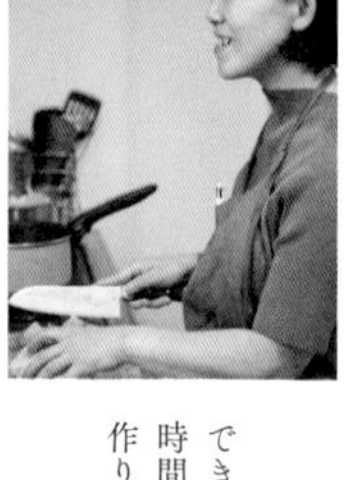

できるだけ時間をかけずに手早く作りたいですよね。

大丈夫！

日持ちする野菜や缶詰など、家に常備できる材料を軸にしたレシピを覚えましょう。

鶏むね肉は高タンパク低脂肪で人気の食材です。鶏むね肉のきのこクリームソース（p.23）は、帰りが遅くなったときでも手早く作れます。フライパンに鶏肉を焼きつけてきのこを加え、コンソメスープで煮て、仕上げに生クリームを回し入れます。

アクアパッツァ（p.26）は魚介の蒸し煮。見た目は豪華ですが、これもお鍋一つで、火にかけて10分くらいで作れるので、わが家でも時間がないときによく作ります。油とにんにくを弱火で熱して香りが出たら、魚介を次々入れていきます。味つけは塩とこしょう。アンチョビやケッパーで味にアクセントをつけます。プチトマトはそのままでもいいし、今日はオーブンで乾燥させて酸味と甘みをギュッと凝縮させて、仕上がる寸前に加えました。市販のドライトマトを使うときは、かたいので加えたあと少し煮込んでください。

トマト缶は味のバリエーションを作るのにとても便利で、これら3品の料理も、煮込むときに加えると、アレンジが楽しめます。

鶏むね肉は、長く煮ているとパサつくから強火でサッと煮込む。

野菜をゆでるときは塩を入れない。そのほうが野菜のおいしさが生きるから。

子どもは放っておくと肉ばかり食べるので、野菜をいっぱい食べさせたい。

煮込んでいる間に作るボリュームサラダ

彩り野菜のコールスロー（p.25）は、驚くほど大量の野菜がぺろりと食べられます。さば缶と合わせることでタンパク質が加わって栄養価も高くなり、味もしっかりします。今日はキャベツ、きゅうり、にんじん、ピーマンの4種類を合わせましたが、キャベツだけでも十分おいしく、リクエストの多い人気メニューです。オリーブ油の代わりにマヨネーズでもおいしく、レモンのさっぱり感で飽きません。

2〜3日は保存でき、翌日のほうが味がなじんでおいしいという方もいるくらいで、多めに作っておけば助かります。

卵は手軽にタンパク質がとれる便利な食材です。オムレツを始めとしてフランスの家庭料理には卵料理がたくさんあります。そこで、もう一品欲しいときのため、ウフ・ココット（p.28）を作りました。ほうれん草とベーコンを入れましたが、ブロッコリーやきのこやハムなど、好みで組み合わせてください。卵がおだやかな味なので、味

コールスローは、さば缶と合わせて栄養満点に。生のレモンは大きさや皮の厚みによって絞り汁の量に幅がある。レシピの分量を目安に、味を見ながら量を調節。

なすは油をよく吸うので、焼いたあと油を切るとべたつかない。ちょっとした手間で、おいしくなる。

大丈夫！

の濃いものを何か一つは入れるのがポイントです。前日に作った煮込みをココットに入れて、卵を落としてもおいしいものです。忙しい朝にも手軽な一品です。

タンパク質と組み合わせたサラダを作りましょう。

MES FAVORIS 'potage'

志麻さんのお気に入り

レタスのポタージュ

緑の濃いレタスを使うと鮮やか

材料と作り方〈4人分〉

レタス ── 1個
クリームチーズ ── 50〜80g
油 ── 適量
塩、こしょう ── 各適量

1. レタスは軸をつけたまま、ざく切りする。油をひいた鍋に入れて、ふたをして中火にかける。最初ふたが閉まらなくても気にしない。途中、箸で返して全体に油を回す。

2. しんなりしたら水を300㎖入れ、強火で5分火を通して、チーズを加えて溶かす。

3. ブレンダーかミキサーでなめらかにする。目の細かいザルがあれば、こすとさらになめらかな口当たりになる。ひと煮立ちさせ、味を見て足りなければ塩、好みでこしょうを加える。

- 冷蔵庫で2〜3日。
- 冷凍できる。冷凍・解凍方法はP.127。

食べごたえたっぷり
栄養たっぷり

フランクフルトのミックスビーンズ添え

材料と作り方〈4人分〉

フランクフルトソーセージ —— 4〜8本
（好みの大きさで）
ミックスビーンズ（ドライパック）—— 約150g
玉ねぎ —— ½個
にんじん —— ⅓本
キャベツ —— ⅛〜¼個
ベーコン（厚切り）—— 100g
白ワイン —— 100mℓ
コンソメキューブ —— 1個
油 —— 適量
塩、こしょう —— 各適量
ローリエ —— 1〜2枚
タイム —— 適量

1. 野菜とベーコンはすべて、同じくらいの大きさに粗みじんに切る。

2. 鍋に油をひいて玉ねぎとにんじんを入れ、軽く塩をして、弱めの中火で玉ねぎがしんなりするまで炒める。キャベツを加えて、しんなりしたらミックスビーンズと白ワインを加え、水を300mℓ加える。強火で沸騰させ、アクを取って、ローリエとタイムを入れ、コンソメを加える。ふたをして弱めの中火で10分煮る。

3. 野菜が柔らかくなったら、ベーコンを入れて混ぜ、ソーセージをのせて、ふたをして10分火を通す。味を見て足りなければ塩、好みでこしょうを加える。

- 冷蔵庫で4〜5日。
- 冷凍できる。冷凍・解凍方法は**P.127**。

フライパンで簡単
サッと煮込んだ鶏むね肉がジューシー

鶏むね肉のきのこクリームソース

材料と作り方〈4人分〉

鶏むね肉 ── 2枚
きのこ4種類くらい（しいたけ、マッシュルーム、しめじ、エリンギなど） ── 各1パック
白ワイン（なければ日本酒） ── 100mℓ
コンソメキューブ ── 1個
生クリーム ── 100mℓ
塩、こしょう（あれば粗びき黒こしょう） ── 各適量
オリーブ油 ── 適量

1. 鶏むね肉の表面にしっかり塩こしょうする。フライパンにオリーブ油をひいてよく熱し、鶏肉を皮目から入れて、両面にこんがり焼き色をつける。

2. きのこはすべて大きめに切り、1のフライパンに入れる。白ワインを加え、コンソメを入れて、ふたをして強めの中火で約5分蒸し煮にして、鶏肉に火を通す。

3. 生クリームを入れて軽く煮る（**A**）。味を見て足りなければ塩、好みでこしょうを加える。

A

生クリームを加えたあと、煮立たせると分離するので、煮るのは軽く。

- 冷蔵庫で4～5日。
- 冷凍できる。冷凍・解凍方法は**P.127**。

彩り野菜の
コールスロー

豚肉の
コルドンブルー風

豚肉のコルドンブルー風

ハムとチーズをはさんだ
定番のカツレツ
ボリュームがあって香ばしい

材料と作り方〈4人分〉

豚ロース肉（しょうが焼き用）── 8枚
生ハム（なければ普通のハム）── 4枚
スライスチーズ
（ピザ用でもプロセスチーズでも）── 4枚
小麦粉 ── 大さじ2
卵 ── 1個
パン粉（生でも乾燥でも）── 適量
塩、こしょう、油 ── 各適量
クレソン ── 適量
レモン ── 1個

1. 豚肉2枚で、ハムとチーズを1枚ずつはさむ。塩こしょう、小麦粉、溶いた卵、パン粉の順につける。

2. 油をフライパンの底一面に広がる程度にひき、1を入れる。弱めの中火でゆっくり火を通す。片面が焼けたら返して、豚肉に火が通るまで焼く。

3. クレソンとレモンとともに盛る。

MEMO 肉に破れ目があると中のチーズがはみ出てしまうので、しょうが焼き用などの厚めのもので作る。

- 冷蔵庫で2〜3日。
- 冷凍できる。冷凍・解凍方法はP.127。

彩り野菜のコールスロー

さば缶と合わせて
最高の栄養バランス

材料と作り方〈4人分〉

さば缶 ── 1缶（190g）
キャベツ ── 1/6〜1/4個
きゅうり ── 1本
にんじん ── 1/2本
ピーマン ── 2個
レモン ── 1個
オリーブ油 ── 大さじ2
塩 ── 小さじ1/2〜1

1. キャベツ、きゅうり、にんじんはせん切り、ピーマンは縦4つに切って横に薄切り。すべてボウルに入れて塩をしてよくもみ（**A**）、5〜10分置く。

2. 1の水分を手でよく絞る。レモンを絞りかけ（**B**）、オリーブ油を加えて混ぜ、さばを大きくほぐしてサッとあえる。

A 野菜の水分が多いときは塩を多めに。

B さばの味が濃いので、レモンの酸味をきかせるとおいしい。

- 冷蔵庫で2〜3日。

短時間でできる
豪華なメインディッシュ
焼いたプチトマトの
濃い味わいがポイント

アクアパッツァ

材料と作り方〈4人分〉

白身魚の切り身（たい、かれいなど）
── 4切れ
いか ── 1ぱい
あさり ── 250〜300g
プチトマト ── 8〜10個
にんにく ── 1かけ
アンチョビ ── 2枚
ケッパー（あれば）── 小さじ1
黒オリーブ ── 8〜10粒
白ワイン（なければ日本酒）
── 150㎖
オリーブ油 ── 適量
パセリ── 適量
塩、こしょう ── 各適量

1. プチトマトを半分に切り、軽く塩をふり、キッチンペーパーに並べて水気を切る（**A**）。120度のオーブンで約30分焼いて水分を取る（**B**）。

A

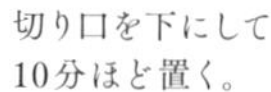

切り口を下にして
10分ほど置く。

B

しわしわになったら
できあがり。

2. 白身魚にしっかり塩こしょうする。いかは胴から足をはずし、足からワタを切り取る。いかの胴は1.5㎝幅に、足は食べやすい長さに切る。あさりは砂抜きして、こすり洗いする。

3. にんにくは半分に切って包丁の腹でつぶす。鍋にオリーブ油とにんにくを入れて弱火で香りを出し、魚を入れ、まわりにいか、刻んだアンチョビ、ケッパー、あさり、オリーブを入れて白ワインを加え、強火でアルコール分を飛ばし、ふたをして弱火で約5分煮る。

4. あさりの口がすっかり開いたら1を入れ、味を見て足りなければ塩、好みでこしょうを加え、火を止める。パセリを刻んで散らす。

• その日のうちに食べる。

材料と作り方〈2人分〉

スパゲッティ —— 160g
卵 —— 2個
粉チーズ —— 適量
バター —— 10〜15g
ベーコン（厚切り）—— 80g
にんにく —— 1かけ
オリーブ油 —— 大さじ1
塩、こしょう —— 各適量

ベーコンの余熱で卵がとろり
生クリームなしで
コクのあるソースに

カルボナーラ

1. スパゲッティをゆでる。ゆで汁は、湯1ℓに対して塩大さじ⅔を目安に、飲んでおいしいと思う塩加減。

2. フライパンにオリーブ油、半分に切ったにんにくを入れ、弱火にかける。香りが出たら、拍子木切りにしたベーコンを入れ、軽く炒める。

3. ボウルに卵を溶きほぐし、粉チーズ大さじ4とバターを入れる。スパゲッティの鍋からゆで汁を70mℓ取って加えてよく混ぜ（A）、2をすべて入れる。

4. スパゲッティを袋の表示の1分前に引き上げて3に加え、よく混ぜる。スパゲッティは皿に移したあと水分を吸うので、ここでは少し水っぽく感じるくらいがよい。味を見て足りなければ塩、好みでこしょうを加える。粉チーズをふる。

A
加えるゆで汁は、おたまで1杯くらい。

・作りたてを食べる。

ウフ・ココット

**身近な食材に
卵をポンと割ってオーブンに
幸せの小さなお惣菜**

材料と作り方〈4人分〉

ほうれん草 ── 1束
ベーコン（スライス）またはハム
　── 2枚
卵 ── 4個
生クリーム ── 小さじ4
ピザ用チーズ（粉チーズでも）
　── 適量
塩、こしょう ── 各適量

1. ほうれん草をサッとゆでて、水気を絞って2cm幅に切り、塩こしょうする。ベーコンは細切りにし、ほうれん草と混ぜて4つの耐熱容器に入れ、卵を1個ずつ割り入れる。生クリームをかけてチーズをのせる。

2. 500Wのオーブントースターで約10分、または180度のオーブンで約10分加熱して、黄身を半熟に仕上げる。

・その日のうちに食べる。

ムサカ

**トマトとなすとヨーグルトで、
ギリシャ風のグラタンに**

材料と作り方〈20×20×5cmの耐熱容器1台分〉

合いびき肉 ── 250g
玉ねぎ ── ½個
なす ── 5～8本
にんにく ── 1かけ
トマト缶 ── 1缶（400g）
ケチャップ ── 大さじ2
中濃ソース ── 大さじ1
油 ── 適量
プレーンヨーグルト
　── 200mℓ
生クリーム ── 100mℓ
コンソメキューブ ── 1個
ピザ用チーズ ── 適量
塩、こしょう ── 各適量

1. ヨーグルトはザルにあけてしっかり水を切る（**A**）。水切り時間は製品によって違い、30分くらいを目安にして、量が半分くらいになったら生クリームを混ぜる。

2. 弱火のフライパンに油、みじん切りのにんにくと玉ねぎを入れて塩をし、玉ねぎがしんなりするまで炒める。ひき肉を加えて、強火で肉の色が変わるまで炒め、トマト缶を汁ごと、水を200mℓ、ケチャップ、中濃ソース、コンソメを加えて弱火で20～30分煮込む。ふたはしない。味を見て足りなければ塩、好みでこしょうを加える。やや濃いめの味つけがおいしい。

3. なすを縦に薄切りにし、油をひいたフライパンで両面焼く。キッチンペーパーに並べて油を切る。

4. 耐熱皿に2、3、1の順に何層か重ねて、最後は1がくるようにする。チーズをたっぷりかけ、魚焼きグリルかオーブントースターでチーズに焼き色をつける。

A
ザルでしっかり
水切りするのが
ポイント。

・冷蔵庫で2～3日。
・冷凍できる。冷凍・解凍方法は**P.127**。

ムサカ

ウフ・ココット

MES FAVORIS
志麻さんのお気に入り

'dessert'

プティ・ポ・キャラメル

フライパンでも簡単にできる、キャラメル味のプリン

材料と作り方〈200mlの耐熱容器4個分〉

全卵 ── 1個
卵黄 ── 3個
牛乳 ── 400ml
砂糖 ── 80g

キッチンペーパーを敷いて、器が動くのを防ぐ。 A

• 冷蔵庫で2〜3日。

1. 鍋に砂糖を入れ、水小さじ2を砂糖全体がしっとりするように入れて中火にかける。泡が小さくなってこげ茶色になったら、火からはずして牛乳半量を少しずつ加えながら混ぜる。火に戻して残りの牛乳を加えて、鍋底からよく混ぜながら沸騰させないように加熱する。

2. ボウルに全卵と卵黄を入れて混ぜ、1を熱いうちに少しずつ加えてよく混ぜる。目の細かいザルがあればこして、器に入れる。

3. フライパンにキッチンペーパーを敷いて器を並べ、湯をフライパンの深さ⅔くらいまで入れる（A）。フライパンにふたをするか、アルミホイルをぴったりかぶせ、張った湯の表面がゆらゆらする程度の火加減で15分ほど蒸す。器をトントンとたたいて、中心が大きく揺れなければできあがり。

好き嫌いなく食べられる！栄養満点ごはん11

PROFILE
母：Y・Eさん（38歳）
職業：設計事務所勤務
家族構成：父（40歳）・母・長男（7歳）・長女（3歳）

PART 2

'E' FAMILY

「7歳の長男は好き嫌いが激しく、限られたものしか食べません。食事作りに気が重くなりそうです」

好き嫌いのある子どもは決してわがままなのではなく、むしろ味やにおいに人一倍デリケートなのでしょう。日本のお惣菜は野菜をサッとゆでたりサッと煮たりと、歯ごたえやフレッシュな風味を生かす調理法が多いと思います。大人にはおいしい野菜のにおいや苦みも、子どもにはまだ受け止められないのかもしれません。

一方、フランスの家庭料理は、野菜にじっくり火を通すことが多く、青臭みを取り甘みを引き出します。フランスで野菜嫌いの子どもが少ない気がするのは、野菜を十分柔らかくゆでて作るピュレやポタージュなどを、小さいころからよく食べているからでしょうか。

野菜嫌いのお子さんがいる家庭では、私はまずこの手法を使って、野菜をたっぷりの水分でゆでたり、しっか

たっぷり入る冷蔵庫。ほんとうは、料理も食べることも大好きなご両親。

'E' FAMILY

庭から電車が見えるわが家。おいしいごはん、まってるよ。

プリンの生地は、こすと舌触りがぐっとなめらかに。

り煮込んだりする料理を作ります。

また、次の二つの方法も試します。一つは、子どもの好きな料理に苦手なものを混ぜる。もう一つは、子どもが好きな味つけにする、というものです。ほうれん草が苦手なお子さんに、大好物のハンバーグに混ぜて出したらパクパク食べたり、カレーライスなら食べるというお子さんは、野菜炒めにカレー粉を軽くふるだけで、すすんで食べるようになりました。こちらのお宅でも、野菜をおいしく食べる工夫を試みながら、全部で11品の品数になりました。

わが家では、時間に余裕があるときは子どもといっしょにおかずを作ります。自分が手伝ったものは、食べたくなるようです。私たちは子どもたちにもっと、料理を作って食べる楽しさを伝えるといいのかもしれません。

野菜の青臭みを消す工夫、いくつかありますよ

「苦手なものをおいしくするアイデア、ありますか？」

葉野菜もたくさん使いましょう。どんな料理にすれば食べるかな？

子どもの苦手な野菜も、たっぷりの水分で柔らかくなるまでゆでると青臭みがなくなる。

ロールレタス
≫ P.49

野菜たっぷり
ベトナム風
揚げ春巻き
≫ P.46

白菜とハムの
グラタン
≫ P.43

いわしの
ポテトロール
香草パン粉焼き
≫ P.43

アスパラ
ベーコン巻き
ポーチドエッグ添え
≫ P.45

3時間で11品、できあがり！

教えて、志麻さん！ 1

子どもがとりわけ野菜が嫌いです。サラダでも炒め物でも、食べてくれません。

野菜にスープをたっぷり吸わせて

白菜とハムのグラタン（p.43）は、白菜をコンソメスープでくったり煮て、青臭みを取りました。フランスで、白菜に似たアンディーブを使ったグラタン料理があって、そのバリエーションです。スープを吸って柔らかくなった葉を丸めて、子どもが好きなハムで巻いてグラタンにしました。

ロールレタス（p.49）も、スープをたっぷり吸ったレタスがしんなりとして、ロールキャベツよりも野菜の存在感が気にならないので、食べやすいと思います。

子どもは、食べるときに目で見たイメージから入るように思います。たいていの子どもが好きなグラタンや揚げ物に野菜を入れるなど、形を変えて料理にすると、食べることも多いようです。ベトナム風揚げ春巻き（p.46）には、いろいろな野菜を入れてみました。子ども用に、ケチャップ味の甘いソースを添えています。

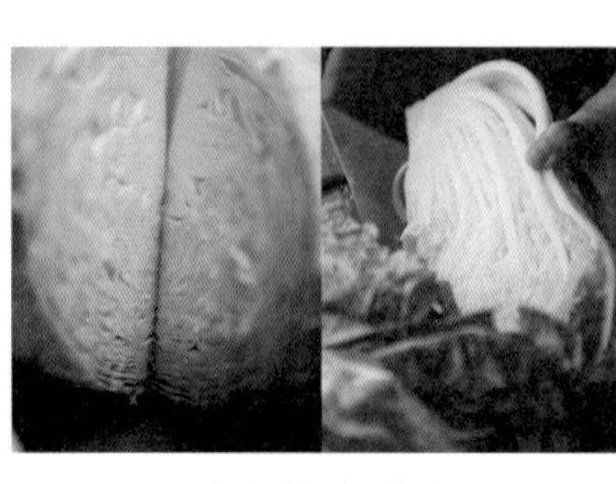

白菜やキャベツの葉は外側と内側で食感も色も違うので、半分や¼に切って外と内をいっしょに使うようにしている。

フランスの家庭料理は野菜をよく煮込むので、臭みがなくなって、子どもも食べやすくなります。

大丈夫！

子どもは野菜の臭みが苦手なことが多いようです。青臭みが気にならない方法を紹介します。

フランスでは、煮込みでもスープでも、最初に野菜をじっくり炒めます。このときほんの少し塩をふって、野菜から水分を出して臭みを抜き、甘みを引き出します。

農家風の野菜スープ（p.40）は、身近な野菜を取り合わせてじっくり炒めて、ゆっくり煮込んだスープです。日本のだしを取るときに漂う香りが心をほぐすように、スープの香りがキッチンに漂います。体にしみわたるおいしさで、子どもも好きになるはず。

バスク風鶏肉の蒸し焼き（p.44）は、玉ねぎやパプリカといった、炒めると甘みが増す野菜を使いました。鶏肉のおいしさも野菜にしみています。

にんじんとかぶのグラッセ（p.48）は、たっぷりの水分で煮ることで、野菜の青臭みを取っています。仕上げにからめるバターの甘い風味も、食欲をそそります。

オーブンでこんな大きなプリンを焼く。びっくり喜ぶ顔が浮かんで、ちょっとうれしくなる。

教えて、志麻さん！ 2

家族みんなでもっと食事を楽しみたい。

楽しみながら食べられるように

子どもの好き嫌いの対策として、調理法だけでなく、食べ方を工夫してみる価値はあります。

手巻きずしやお好み焼きのように、食卓で自分で選んだり何かしら手を加えて食べるのは子どももうれしいもので、嫌いだといっていたものもあっさり食べることがあります。

アスパラベーコン巻き　ポーチドエッグ添え（p.45）は、ゆでたアスパラガスをベーコンで巻いて、ポーチドエッグをのせました。黄身をアスパラガスのソースにして食べます。卵を割ると黄身がとろりと出てくるのは、子どもも楽しいはず。

いろいろ野菜のクリュディテ（p.41）は、フランス人がよく作る、生野菜の盛り合わせです。それぞれの野菜に合わせたドレッシングであえて、盛りつけます。どれにしようかなと選ぶ楽しみが生まれます。チョイスは子どもに任せて、一つでも食べたらほめてあげると自信がつくのではないでしょうか。

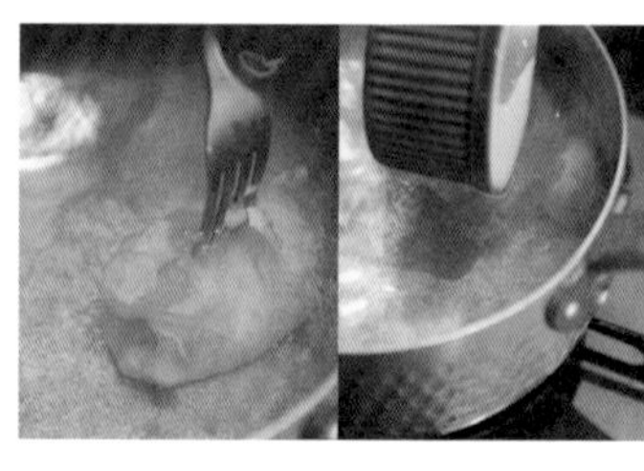

ポーチドエッグは、湯の表面がプクプク沸いているところをめがけて卵を落とす。

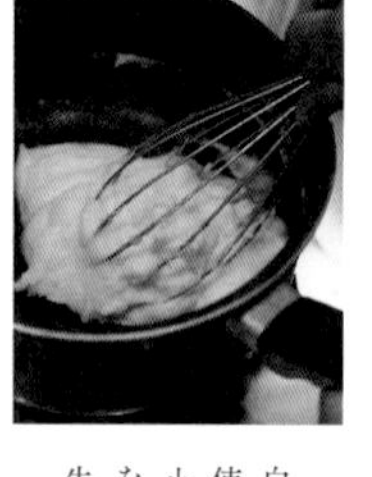

白菜とハムのグラタンに使うホワイトソース。小麦粉とバターがなめらかになってきたら、牛乳を加える。

MES FAVORIS
志麻さんのお気に入り
'potage'

にんじんのポタージュ

よく煮込んだにんじんは甘みたっぷり

材料と作り方〈4人分〉

にんじん ── 2本
玉ねぎ ── 1個
コンソメキューブ ── 1個
牛乳 ── 300〜400mℓ
バター ── 15g
塩、こしょう ── 各適量

1. にんじんは薄く輪切りに、玉ねぎは薄切り。鍋にバターを溶かし、玉ねぎを入れて軽く塩をして、弱めの中火でしんなりするまで炒める。にんじんを加えてじっくり炒める。

2. 水を材料がかぶるくらい入れて、煮立ったらアクを取り、コンソメを入れて20分ほど煮る。

3. にんじんが箸でつぶせるくらい柔らかくなって水分がなくなったら、牛乳200mℓを加えてブレンダーかミキサーでなめらかにし、残りの牛乳を加えて好みのかたさに調節する。目の細かいザルがあれば、こすとさらになめらかな口当たりになる。ひと煮立ちさせ、味を見て足りなければ塩、好みでこしょうを加える。

MEMO 2で、柔らかくなる前に水分がなくなったら、水を足して煮る。

- 冷蔵庫で2〜3日。
- 冷凍できる。冷凍・解凍方法はP.127。

大丈夫！

楽しい食卓になる料理を考えましょう。

いわしのポテトロール（P.43）は、見た目もかわいく、つまんで食べるのは楽しいものです。いわしとじゃがいもの組み合わせ？と思われるかもしれませんが、相性はとてもよく、こんがり焼けたパン粉が香ばしくて、思わずパクリと食べたくなるはずです。

じっくり炒めて
野菜のおいしさを引き出す

農家風の野菜スープ

材料と作り方〈4人分〉

白菜 ── 1/8個
玉ねぎ ── 1個
にんじん ── 1/2〜1本
れんこん ── 10cm
大根 ── 5cm
ベーコン（スライス）または
　ソーセージ ── 1パック
コンソメキューブ ── 2個
塩、こしょう ── 各適量
油 ── 適量

1. 白菜の軸と、玉ねぎ、にんじん、れんこん、大根は粗みじんに、白菜の葉はそれより大きめに切る。

2. 鍋に油をひいて玉ねぎを入れ、軽く塩をして、弱めの中火で炒める（**A**）。にんじん、れんこん、大根を入れて弱火で炒め、白菜を加えて葉がしんなりするまで炒める。

A
玉ねぎに塩をして炒めると、甘みが引き出されて味のベースになる。

3. 水を野菜が十分かぶるくらい入れる。強火で煮立たせ、アクを取り、コンソメを入れて、軽く煮立つくらいの火加減で約20分煮る。ふたはしない。途中で野菜が顔を出すくらい煮詰まったら、水を加える。

4. 仕上げにベーコンを1cm幅に切って加え、ひと煮立ちさせる。味を見て足りなければ塩、好みでこしょうを加える。

- 冷蔵庫で2〜3日。
- 冷凍できる。冷凍・解凍方法はP.127。

生野菜の盛り合わせサラダは
フランスの家庭のいつものお惣菜

いろいろ野菜のクリュディテ

材料と作り方〈4人分〉

にんじん ── 2本
セロリ ── 2本
かぶ ── 2個
プチトマト ── 8個
パセリ ── 適量
塩 ── 適量
レモン ── 1個
オリーブ油 ── 大さじ4
マヨネーズ ── 大さじ2
砂糖── 小さじ2
酢 ── 小さじ1

1. にんじんはせん切りにし、塩小さじ½〜1を入れてよくもんで、5〜10分置く(**A**)。水分をぎゅっと絞って、レモン汁½個分とオリーブ油を加えてよく混ぜる。

2. セロリはせん切りにし、塩小さじ½〜1を入れてよくもんで、5〜10分置く。水分をぎゅっと絞って、レモン汁½個分とマヨネーズを加えてよく混ぜる。

3. かぶは半分に切って薄切りにして、塩小さじ½〜1を入れてよくもんで、5〜10分置く。水分をぎゅっと絞って、砂糖と酢を加えてよく混ぜる。

4. 野菜を盛りつけて、半分に切ったプチトマトとみじん切りのパセリを散らす。

A

しっかりもんでおくと、水分がよく出て、あとの調味料が入りやすい。野菜の水気によって塩の量を調節する。水気の多い野菜は塩を多めに。

•冷蔵庫で2〜3日。

白菜とハムのグラタン

いわしのポテトロール 香草パン粉焼き

白菜とハムのグラタン

スープたっぷりの白菜にハムを巻いて

材料と作り方〈4人分〉

白菜 ── ¼個
ハム ── 8枚
コンソメキューブ
── 2個

ホワイトソース
| 牛乳 ── 400mℓ
| 小麦粉 ── 40g
| バター ── 40g
ピザ用チーズ ── 適量
塩、こしょう ── 各適量

1. 白菜は縦2つに切って、軸をつけたまま鍋に入れ、水200mℓとコンソメを入れて、ふたをして蒸し煮する（A）。途中でスープの味を見て足りなければ塩、好みでこしょうを加える。

2. 白菜がスープをたっぷり吸って柔らかくなったら取り出す。芯を取って葉をはがし、大きい葉と小さい葉を組み合わせて8つに均等に分ける。それぞれ葉を広げて重ね、芯のほうから巻いて丸め、ハムを巻く。

3. ホワイトソースを作る。鍋にバターを入れて弱火にかけ、溶けたら小麦粉を一度に入れて泡立て器でよく混ぜながら中火で火を通す。粉とバターが一体になって粉気がなくなったら、牛乳を⅓加えてよく混ぜて、だまをつぶす。そのあと2〜3回に分けて加え、そのつどしっかり混ぜる。最後にふつふつと沸くまで火を通す。

4. グラタン皿に2を並べて、ホワイトソースを流し入れ、チーズを上からたっぷりかけ、250度のオーブンで約5分、表面にこんがり焼き色をつける。

A
最初ふたが
閉まらなくても、
かさが減るので
大丈夫。

いわしのポテトロール
香草パン粉焼き

いわしの二度焼きが香ばしさの秘訣

材料と作り方〈4人分〉

いわしのフィレ── 12枚
じゃがいも ── 2個
マヨネーズ ── 大さじ2
パン粉 ── 大さじ3
にんにく ── 1かけ
パセリ（または大葉）── 適量
オリーブ油 ── 適量
塩、こしょう ── 各適量

1. じゃがいもは皮つきのまま丸ごとラップに包んで、電子レンジで柔らかくなるまで加熱する。600Wで5〜6分を目安に、途中で上下を返してまんべんなく柔らかくする。熱いうちに皮をむき、フォークなどでつぶし、軽く塩こしょうして、マヨネーズを加えてよく混ぜる。12等分して丸める。

2. いわしの両面にしっかり塩こしょうし、皮を下にして1をのせて巻き、つまようじで留める。オーブンの天板に並べて200度に予熱したオーブンで約10分、いわしに火を通す（A）。

3. パン粉、すりおろしたにんにく、みじん切りにしたパセリを混ぜ合わせ、いわしにふる。オリーブ油を回しかけ、250度のオーブンで約5分、パン粉に焼き色をつける。

A
いわしにしっかり塩をして下焼きすると、臭みが抜ける。

・どちらも冷蔵庫で2〜3日。　・どちらも冷凍できる。冷凍・解凍方法はP.127。

バスク風
鶏肉の蒸し焼き

香ばしく焼いた鶏肉をトマトやピーマンと煮込んで食べる、気取らない伝統料理

材料と作り方〈4人分〉

鶏もも肉 ── 2枚
玉ねぎ ── 1個
赤・黄パプリカ ── 各1個
ピーマン ── 2個
にんにく ── 1かけ
トマト缶 ── 1缶（400g）
白ワイン（なければ日本酒）── 100mℓ
コンソメキューブ ── 1個
ローリエ ── 1〜2枚
塩、こしょう、オリーブ油 ── 各適量

1. 玉ねぎはくし形に、パプリカとピーマンは縦7〜8㎜幅に、にんにくは半分に切る。鶏肉に塩こしょうをしっかりふる。

2. フライパンに油をひいて強火で熱し、鶏肉を両面こんがり焼いて、取り出す。

3. フライパンの油は捨てずに、1の野菜を炒める（**A**）。トマト缶を汁ごと、白ワインを入れる。強火で煮立たせ、アクを取り、コンソメ、ローリエを入れる。ふたをして中火で約5分煮込み、ふたを取って強火で約10分煮詰める。味を見て足りなければ塩、好みでこしょうを加える。

A

フライパンにこびりついた鶏肉のうまみを、玉ねぎでこそげ取りながら炒める。

4. グラタン皿に3を入れて、2の鶏肉をのせ、アルミホイルをかぶせて200度のオーブンで約20分焼く。鶏肉に竹串を刺して、出る汁が透明ならできあがり。

- 冷蔵庫で4〜5日。
- 冷凍できる。冷凍・解凍方法は**P.127**。

材料と作り方〈4人分〉

アスパラガス —— 8本
ベーコン（スライス）—— 8枚
卵 —— 4個
塩 —— ひとつまみ
酢 —— 大さじ2〜3
黒こしょう、粉チーズ —— 各適量
油 —— 少々

1. ポーチドエッグを作る。鍋に湯を沸かし、塩と酢を入れる。卵1個を器に割り、湯がプクプク沸いているところをめがけて入れる。沸騰する湯の勢いで白身が黄身を包むのをフォークで整える（**A**）。2分くらいで白身がふわっと固まってくるので、おたまなどで引き上げて氷水に落とし、粗熱を取る。残り3個も同様に。

2. アスパラガスはサッとゆで（**B**）、ベーコンで巻く。

3. フライパンに薄く油をひいて、2をベーコンの巻き終わりを下にして並べ、強火でサッと表面を焼く。皿にポーチドエッグとともに盛りつける。好みで黒こしょうや粉チーズをかける。

A

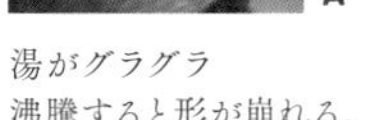

湯がグラグラ
沸騰すると形が崩れる。

B

切らずにゆでて、
長さのまま盛りつけ。

半熟の黄身をとろりとからめて

アスパラベーコン巻き
ポーチドエッグ添え

- 冷蔵庫で4〜5日
- 冷凍できる。冷凍・解凍方法は**P.127**。

ソースは2種類
辛みのないほうを子ども用に

野菜たっぷり ベトナム風 揚げ春巻き

材料と作り方〈作りやすい分量〉

豚ひき肉 —— 150g
むきえび —— 1パック（約100g）
ピーマン —— 1〜2個
しめじ —— 1パック
もやし —— 1パック
卵 —— 1個
春巻きの皮 —— 10枚
塩、こしょう—— 各適量
小麦粉 —— 適量（皮の接着用）
油 —— 適量
つけ合わせの生野菜（サニーレタス、ミント、パクチーなど）—— 各適量

大人用ソース

スイートチリソース —— 大さじ2
ナンプラー（しょうゆでも）—— 大さじ1
レモン汁 —— ½個分
にんにく（すりおろし）—— 1かけ分

子ども用ソース

マヨネーズ —— 大さじ2
ケチャップ —— 大さじ1

1. えびは包丁でたたいてつぶす。ピーマン、しめじ、もやしはみじん切りにする。すべてボウルに入れて、ひき肉と卵を加えて塩こしょうして、手でよく混ぜる。

2. 春巻きの皮で1を包む（A）。巻き終わりに、水溶きした小麦粉を塗って留める。

3. フライパンに油を入れて火にかけ、2を巻き終わりを下にして並べて、弱めの中火で揚げ焼きする。油の量は春巻きが⅓つかるくらい。途中で返して、中まで火を通して、表面をこんがり色よく揚げる。

4. ソースは、それぞれの材料を混ぜる。春巻きを生野菜でくるんでソースをつけて食べる。

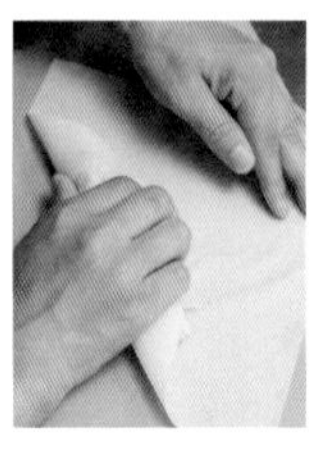

A

1回巻いたら手で手前にぐっと押すのがコツ。あとは内側に折りながら。

•冷蔵庫で2〜3日。
•冷凍できる。冷凍・解凍方法はP.127。

4. レタスの葉をはがし、大きい葉と小さい葉を組み合わせて8等分し、葉を広げ、3を包む。フライパンに並べ、残りのにんじんとたけのこを食べやすく切ってすき間に入れる。水をひたひたまで加え、コンソメを入れる。ふたをして火にかけ、沸騰したら弱火で約30分煮る。最後にベーコンを3cm幅に切って加え、サッと火を通す。味を見て足りなければ塩、好みでこしょうを加える。

- 冷蔵庫で4～5日。
- 冷凍できる。冷凍・解凍方法はP.127。

たっぷりの水分で
じっくり煮るのがポイント

にんじんとかぶのグラッセ

材料と作り方〈4人分〉

にんじん ── 1本
かぶ ── 1個
砂糖 ── 大さじ2
バター ── 15g

1. にんじんは棒状に、かぶはくし形に切る。同じくらいの大きさにそろえる。

2. にんじんを鍋に入れ、にんじんのかさの約3倍まで水を入れ、砂糖を加えて中火にかける。表面が静かにプクプク沸くくらいの火加減で煮る。

3. 水分が減ってにんじんの表面ひたひたくらいになったら、かぶを入れて煮る。水分がなくなったら、火を止めてバターを加え、溶かしながら材料にからめる。

- 冷蔵庫で2～3日。
- にんじんは冷凍できる。
  冷凍・解凍方法はP.127。

しんなり柔らかいレタスと
ソフトなたねが食べやすい

ロールレタス

材料と作り方〈4人分〉

レタス ── 1個
合いびき肉 ── 300g
にんじん ── 1本
いんげん ── 1パック
しいたけ ── 2個
たけのこの水煮 ── 約100g
卵 ── 1個
パン粉（生でも乾燥でも）── 大さじ4
牛乳 ── 大さじ5
コンソメキューブ ── 1～2個
ベーコン（スライス）
── 4枚
塩、こしょう
── 各適量

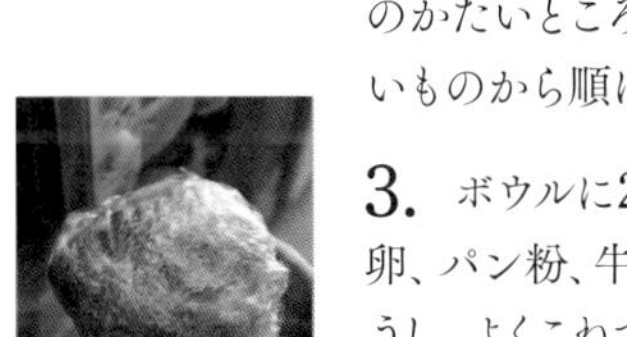
A

1. レタスは丸ごとラップで包み、電子レンジでしんなりさせる（**A**）。600Wで3～4分が目安。

2. にんじん⅓本、いんげん、しいたけをみじん切り。たけのこは下⅓のかたいところをみじん切り。かたいものから順にゆでる。

3. ボウルに2の野菜、合いびき肉、卵、パン粉、牛乳を入れて塩こしょうし、よくこねて、8等分して丸める。

余熱で中まで火が通るので、
表面がしんなりしていればよい。

MES FAVORIS
志麻さんのお気に入り

'dessert'

カスタードプリン

ビッグサイズの焼きプリンをオーブンで

材料と作り方〈20×20㎝の型1台分〉

全卵 ── 4個
卵黄 ── 1個
牛乳 ── 500㎖
砂糖 ── 50g
バニラエッセンス（あれば） ── 少々

キャラメルソース
砂糖 ── 60g

A
目の細かいザルでこして型に入れると、なめらかな舌触りに。

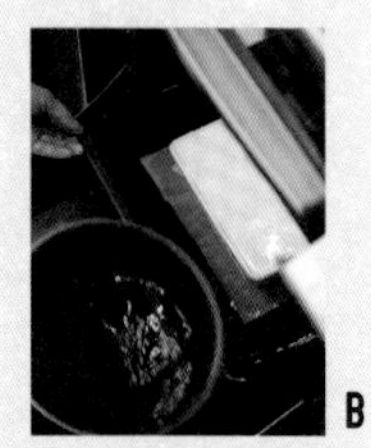

B
キッチンペーパーを敷いて、生地にすが入るのを防ぐ。

• 冷蔵庫で2～3日。

1. オーブンを180度に予熱する。キャラメルソースを作る。小鍋に砂糖を入れ、水小さじ1を砂糖全体がしっとりするように入れて、中火にかける。泡が小さくなってこげ茶色になったら火を止め、水小さじ1を加える。熱いうちに型に流し入れる。

2. 鍋に牛乳と砂糖を入れて中火にかけ、砂糖をよく溶かす。沸騰直前まで温める。

3. ボウルに全卵と卵黄を入れてよく混ぜ、2を熱いうちに加えてよく混ぜ、バニラエッセンスを加える。1の型に入れる（A）。

4. オーブンの天板にキッチンペーパーを敷き、型を置いて湯を張り（B）、20～30分火を通す。型をトントンとたたいて、生地の中心が大きく揺れなくなったらできあがり。

MEMO 卵生地の牛乳と砂糖の量は、このレシピのように牛乳100㎖に対して砂糖10gが基本。最初はこの分量で作ってみて、次から好みで砂糖の量を加減する。

赤ちゃんとママの取り分けごはん10

PROFILE
母：H・Oさん（32歳）
職業：団体職員
家族構成：父（37歳）・母・長女（3歳）・次女（0歳）

PART 3

'O' FAMILY

「保育園のお迎えから帰ったら、上の子に何か食べさせて、下の子の離乳食を用意して、そのあとようやく自分たちの食事作り」

フランスでは、子どもの料理を別に用意することはあまりありません。これは、フランスの家庭料理が、子どもも同じように食べられる組み立てになっていることが大きいと思います。

焼いた肉や魚に添える野菜は、味つけせずに柔らかくゆでるだけにして、盛りつけてから塩やソースをつけて食べるので、子どもも自分でソースの量を調節します。

なかでも、つけ合わせによく登場するじゃがいものピュレは、小さいお子さんがいる家庭におすすめしたいお惣菜です。ビストロで、魚のソテーや肉のローストなどさまざまなメインディッシュがテーブルに運ばれていくときに、

'O' FAMILY

小さな子ども2人の食事作りは、毎日大変。ママも座って食べたいけど…

じゃがいものピュレも、ブランダードのオーブン焼きも、どちらも離乳食になる。

買い置きが充実。でも使い切れないのが悩み。

サーモンに添えた細切り野菜は柔らかくゆでるので、離乳期の赤ちゃんも食べられる。

「一度にすむアイデア、ありますか?」

大人と子どもが同じ料理を食べられれば楽ですね。

すべてのお皿にじゃがいものピュレがたっぷり盛りつけてあって、びっくりしたことがあります。大人の皿に盛りつけたピュレを、そのまま離乳期の赤ちゃんに食べさせることができます。

フランスの家庭でよく作る煮込みも、肉も野菜も柔らかくなっていて、栄養バランスに優れているので、子どもから高齢者まで喜んでもらえるでしょう。よく煮込まれた野菜は甘みが引き出されて臭みが消え、離乳期の赤ちゃんも食べられますし、好き嫌いが始まったお子さんも喜びます。

赤ちゃんには、具材を小さめに切ったり、途中で取り分けて味つけを薄めにしたりすればよいでしょう。離乳期にはごはんを煮込みの煮汁でゆるめて与え、かめるようになったら、材料もいっしょに取り分けて、器の中でフォークやスプーンでつぶして与えることもできます。

じゃがいもは離乳食に便利。魚は小さい子どもにも食べさせたいですね。

コンロの火口を全部使って。

魚介とごぼうの
パエリア
P.66

シンプル・
ヴィシソワーズ
P.59

じゃがいものピュレ
&ブランダードの
オーブン焼き
P.60

野菜たっぷり
ハンバーグ
P.67

トマト味の
アッシ・
パルマンティエ
P.62

3時間で10品、できあがり！

ゆで豚のソテー
いんげん添え
P.65

サーモンのソテー
野菜の
ジュリエンヌ添え
P.63

フォンテーヌブロー
P.68

マカロニ入り
ミネストローネ
P.65

カラフル野菜の
ピクルス
P.66

1歳から3歳の子まで同じようにおいしく食べられるものを知りたい。

アレンジ自在で簡単に作れるじゃがいものピュレ

まず基本のじゃがいものピュレを作りましょう。材料は、じゃがいもと牛乳とバターの3つ。じゃがいもをゆでてつぶしたところにバターを混ぜ、牛乳でのばすだけです。バターを加えるとコクが増すので、私は離乳期のわが子にもバターを入れて作りますが、気になればバター入れなくてもかまいません。牛乳を入れたらひと煮立ちさせます。

基本分量は、メークイン3個に対してバター15g、牛乳100㎖。じゃがいもの大きさはいろいろなので、牛乳の分量は調節してください。私は、ピュレにはメークインを使います。しっとりして粘り気があるので、なめらかな仕上がりになるからです。

レシピは、p.60で紹介しています。ポイントは、じゃがいもがほろほろ崩れるくらいまで柔らかくゆでること。そうすれば、ゆで鍋の中でフォークでつぶすだけでもいいし、目の細かいザルでこせば、ぐっとなめらかな口当たりになります。

じゃがいものピュレは、赤ちゃんの成長や好みに合わせて、ほうれ

トマト缶は常備しておくと便利。煮込みも、肉やパスタのソースも、スープも、トマト味にアレンジできる。

レンジやオーブンの加熱力は台所によって違うから、自分の目で確かめて。

大丈夫！

ピュレは離乳食にぴったり。しかもいろんな料理に展開できます。

ん草やにんじんをゆでつぶして混ぜたり、白身魚の身をほぐして混ぜたりするなどアレンジがきくので、重宝します。

ピュレを使った料理で代表的なのが、アッシ・パルマンティエ（p.62）です。牛肉のトマト煮とピュレを重ねたグラタンで、わが家でよく作ります。料理作りにうかがうお宅でも、小さなお子さんにも人気が高いのでよくリクエストされます。離乳期の赤ちゃんには、ピュレの部分だけ取り分けて与えることができます。

この料理がうれしいのは、牛肉のトマト煮もピュレも冷凍できること。多めに作って冷凍しておけば時間がない日に役立ちます。牛肉のトマト煮はカレー粉を入れてキーマカレーにしたり、ラザニアにしたりと、アレンジがききます。

シンプル・ヴィシソワーズ（p.59）も、ピュレをアレンジしたポタージュです。作り方は基本のピュレと同じで、牛乳の分量を多くして飲める濃さにゆるめます。いちから作ってもいいですし、冷凍しておいた基本のピュレに牛乳を加えて作ることもできます。

じゃがいもを、ほろほろ崩れるくらいにゆでてピュレに。ピュレにはメークインがおすすめ。

ミネストローネは、野菜を炒めてから煮ると、味がよく出ておいしくなる。

教えて、志麻さん！ 2

大人も子どもも同じように食べられるメインディッシュを知りたい。

野菜がたっぷりのメインディッシュ

サーモンのソテー 野菜のジュリエンヌ添え（p.63）は、野菜を炒めてコンソメ味のスープで煮詰めて、焼いたサーモンに添えました。ジュリエンヌは細切り野菜のことで、水の量を増やせばスープになります。フランスの家庭でも、このように野菜をじっくり煮たスープは大人も子どもも大好きです。

マカロニ入りミネストローネ（p.65）も、いろいろな野菜が入っています。今日使った野菜のほかにも、白菜、キャベツ、トマト、ブロッコリー、かぼちゃ、さつまいもなどなど、季節の野菜を入れてアレンジを楽しんでください。

ピュレのもう一つのアレンジとして、ブランダードのオーブン焼き（p.60）を作りました。ブランダードはじゃがいもとたらを牛乳で煮込む郷土料理。今日はたらをゆでてほぐし、ピュレに混ぜて焼きます。子どもが食べやすいように、ピンポン玉の大きさに丸めました。

どの料理も、家族みんなで楽しめるメインディッシュですし、野菜

ピクルスは、子どもにはポリポリ歯ごたえのあるおやつになる。大人には焼いた肉のソースとして。

ハンバーグにじゃがいもをすりおろして、ソフトな口当たりに。

が柔らかく煮てあるので、離乳期の赤ちゃんには野菜をつぶして
与えることができます。

大丈夫！

野菜の味を引き出して柔らかく料理しましょう。

MES FAVORIS
志麻さんのお気に入り
'potage'

シンプル・ヴィシソワーズ

じゃがいもはゆでてつぶすだけでもOK

材料と作り方〈4人分〉

じゃがいも（メークイン）── 3個
牛乳 ── 500mℓ
バター（好みで）── 15g
塩、こしょう── 各適量

1. じゃがいもは適当な大きさに切って、十分にかぶるくらいの水ですっかり柔らかくなるまでゆでる。フォークでつぶす。目の細かいザルがあれば、つぶしたあと裏ごしすると、なめらかな口当たりになる。好みで、熱いうちにバターを混ぜる。

2. 牛乳を加えてひと煮立ちさせる。味を見て足りなければ塩、好みでこしょうを加える。

★離乳食&幼児食には
離乳初期はバターなしで、あとは成長に合わせて加えるとよい。

- 冷蔵庫で2〜3日。
- 冷凍できる。冷凍・解凍方法はP.127。

じゃがいものピュレ&
ブランダードのオーブン焼き

じゃがいものピュレは
フランスではおなじみの離乳食
たらと合わせてオーブン焼きにアレンジ

材料と作り方

じゃがいものピュレ〈作りやすい分量〉

- じゃがいも(メークイン) ── 3個(約450g)
- バター ── 15g
- 牛乳 ── 100mℓ

ブランダードのオーブン焼き〈4人分〉

- 上で作ったじゃがいものピュレ ── 全量
- 塩たら(生たらでも) ── 2切れ
- 牛乳 ── 200mℓ
- にんにく ── 1かけ
- パン粉(生でも乾燥でも) ── 適量
- 塩、こしょう(好みで) ── 各適量
- オリーブ油 ── 適量

じゃがいものピュレ

1. じゃがいもは適当な大きさに切って、十分にかぶるくらいの水ですっかり柔らかくなるまでゆでる(A)。ゆで汁を切って、フォークでしっかりつぶす(B)。熱いうちにバターを混ぜる。

2. 弱火にかけ、牛乳を2〜3回に分けて加えてのばし、ひと煮立ちさせる。

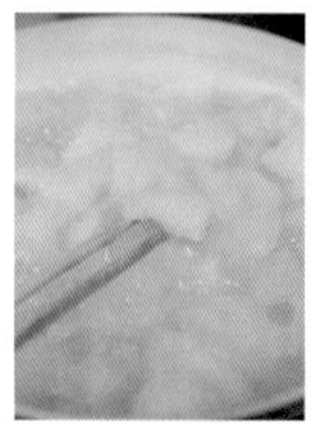

A ほろほろ崩れるくらい柔らかくゆでる。

B このあと目の細かいザルでこすと、なめらかな口当たりになる。

ブランダードのオーブン焼き

1. じゃがいものピュレを左記のように作る。

2. にんにくは半分に切って包丁の腹でつぶす。鍋に、にんにく、たら、牛乳を入れて火にかけ、たらを途中で返しながら水分がなくなるまで煮る。煮崩れてもよい。仕上げに味を見て、足りなければ塩、好みでこしょう。

3. 2が煮詰まったら、にんにくを取り除き、たらの骨と皮を取って身をほぐす。1を混ぜて、ピンポン玉の大きさに丸める。

4. 3を耐熱容器に並べ、パン粉をふり、オリーブ油を回しかける。オーブンで焼き色をつける。250度のオーブンで約10分が目安。

MEMO ブランダードは、たらとじゃがいもをペーストにした南仏料理。生たらを使う場合は、しっかり塩をふってから煮る。

★離乳食&幼児食には
ブランダードのオーブン焼きは、成長に合わせてつぶして与える。

- 冷蔵庫で2〜3日。
- 冷凍できる。冷凍・解凍方法はP.127。

じゃがいもの
ピュレ＆
ブランダードの
オーブン焼き

ケチャップの甘さに
子どもも大喜び

トマト味のアッシ・パルマンティエ

材料と作り方〈20×20cmの耐熱容器1台分〉

じゃがいものピュレ

じゃがいも（メークイン）── 5個
バター ── 25g
牛乳 ── 150mℓ

牛肉のトマト煮

牛こま肉── 250g
玉ねぎ ── 1個
トマト缶 ── 1缶（400g）
ケチャップ ── 大さじ3
中濃ソース ── 大さじ2
砂糖、塩、こしょう
── 各適量
油 ── 適量

ピザ用チーズ ── 適量

1. じゃがいものピュレを作る。（P.60）

2. 牛こま肉は一口大に切り、玉ねぎは薄切りに。フライパンに油をひいて玉ねぎを入れ、軽く塩をして弱めの中火でしんなりするまで炒め、牛肉を加えて炒める。

3. 肉の色が変わったら、トマト缶を汁ごと加えて、水を100mℓ、ケチャップ、中濃ソースを加えて、弱めの中火で約10分煮詰める（A）。味を見て足りなければ塩、好みでこしょう。酸味が強ければ、砂糖を大さじ1ほど加えると食べやすい。

A

煮汁が小さく泡立つくらいの火加減で。

4. グラタン皿に3を敷いて1をのせ、チーズをかけて、250度に熱したオーブンで10～15分、またはオーブントースターか魚焼きグリルに入れて、表面に焼き色をつける。

★離乳食&幼児食には
離乳食には1のピュレを。あとは成長に合わせて、トマト煮のソースや、刻んだ肉を少しずつ混ぜる。

- 冷蔵庫で2～3日。
- 冷凍できる。冷凍・解凍方法はP.127。

材料と作り方〈4人分〉

サーモン ── 4切れ
にんじん ── ¼本
大根 ── 4〜5cm
キャベツ ── 1〜2枚
じゃがいも ── 2個
コンソメキューブ ── 1個
粉チーズ ── 適量
塩、こしょう ── 各適量
粗びき黒こしょう（好みで）── 適量
バター、油 ── 各適量

**細切り野菜はつけ合わせにも
スープにもなる**

サーモンのソテー
野菜のジュリエンヌ添え

1. 野菜はすべて細切りにする。鍋にバターをひいて、じゃがいも以外の野菜を入れて、塩をふり、しんなりするまで弱火でよく炒める。

2. 水を野菜が十分にかぶるくらい入れて、強火で沸騰させてアクを取り、コンソメを加えて10分ほど煮る。じゃがいもを加えて、柔らかくなるまで煮る。

3. サーモンに塩こしょうする。フライパンに油をひいてよく熱し、サーモンを入れて、両面に焼き色をつけながら火を通す。皿に2を盛りつけて粉チーズをふり、サーモンをのせる。好みで粗びき黒こしょうをふる。

★離乳食&幼児食には
成長に合わせて、2のスープだけ与えたり、野菜をつぶして与えたり、サーモンをほぐして混ぜたりしても。

・冷蔵庫で2〜3日。
・冷凍できる。
冷凍・解凍方法はP.127。

ゆで豚のソテー
いんげん添え

マカロニ入り
ミネストローネ

マカロニ入りミネストローネ

野菜をじっくり
炒めるのがポイント

材料と作り方〈4人分〉

玉ねぎ ── 1個
にんじん ── 1本
セロリ ── 1本
ズッキーニ ── 1本
かぶ ── 2個
ショートパスタ（マカロニなど）── 50g
トマト缶 ── 1缶（400g）
コンソメキューブ ── 1個
粉チーズ ── 適量
オリーブ油 ── 適量
塩、こしょう ── 各適量

1. 野菜はすべて粗みじん切りにする。フライパンにオリーブ油をひいて玉ねぎを入れ、軽く塩をして、弱めの中火でしんなりするまで炒める。にんじん、セロリ、ズッキーニを入れてじっくり炒め、最後にかぶを入れて炒める。

2. トマト缶を汁ごと加えて、材料がすっかりかぶるまで水を足し、コンソメを加えて、野菜が十分柔らかくなるまで煮る。途中で煮詰まったら水を足す。パスタを入れて柔らかくなるまで煮て、味を見て足りなければ塩、好みでこしょうを加える。仕上げに粉チーズをふる。

★離乳食&幼児食には
離乳後期から。パスタと野菜をつぶして与える。

- 冷蔵庫で2〜3日。
- 冷凍できる。冷凍・解凍方法はP.127。

ゆで豚のソテー　いんげん添え

豚はゆでてカリッと焼いて
ゆで汁でリゾットを

材料と作り方〈4人分〉

豚ばら肉（かたまり）── 400g
いんげん ── 約20本
コンソメキューブ ── 2個
ローリエ ── 1〜2枚
炊いたごはん ── 茶碗2杯分
バター、粉チーズ ── 各適量
油、塩 ── 各適量
粗びき黒こしょう、マスタード（どちらも好みで）
── 各適量

1. 豚肉の表面に塩小さじ1をまぶす。鍋に入れて、水を肉の3〜4cm上まで入れ、強火にかける。沸騰したらアクを取って、コンソメとローリエを入れて、30分ゆでる。常に肉がゆで汁にかぶっているよう、途中で水を足す。浮いてくる脂はできるだけ取る。竹串を刺して、出る汁が透明ならできあがり。縦に2cm幅に切って、油をひいたフライパンで表面をカリカリに焼く。好みで塩を加える。

2. 鍋に、ごはんと脂を取ったゆで汁400mlを入れ、味を見て、好みで塩を加え、弱火で1〜2分煮る。仕上げに粉チーズを混ぜる。

3. いんげんはへたを切り落としてサッとゆでて、バターで軽くあえる。皿に2を敷いて、いんげん、豚肉をのせ、好みで粗びき黒こしょうをふる。マスタードをつけてもおいしい。

★離乳食&幼児食には
離乳食には、月齢に合わせて2をつぶして与える。あとは成長に合わせて、豚肉やいんげんを小さく切って2と混ぜる。

- 焼く前の肉はゆで汁に漬けて、冷蔵庫で4〜5日。
- 冷凍できる。冷凍・解凍方法はP.127。

フライパン一つで作れるパエリア

魚介とごぼうのパエリア

材料と作り方
〈直径 24cmのフライパン〉

白身魚の切り身（たい、かれいなど）
── 4切れ
いか ── 1ぱい
あさり ── 1パック（200g）
赤・黄パプリカ ── 各½個
ピーマン ── 2個
しいたけ ── 4個
ごぼう ── ½本
白ワイン（なければ日本酒）── 大さじ2
米 ── 2合（360㎖）
レモン ── 1個
オリーブ油 ── 大さじ2
塩、こしょう ── 各適量

1. いかは胴から足をはずし、足からワタを切り取る。胴は1cm幅の輪切りに、足は食べやすい長さに切る。あさりは砂抜きしてこすり洗い。パプリカ、ピーマン、しいたけは細切り、ごぼうは粗みじん切り。

2. フライパンにいか、あさり、白ワインを入れ、ふたをして強火にかける。あさりの口が開いたら蒸し汁をザルでこし、水を合わせて450㎖にしてだしとし、塩ひとつまみを加えてよく混ぜる。

3. フライパンにオリーブ油をひいて、ごぼうを弱火で炒める。しんなりしたら米を洗わないで加え、米が油を吸って透明になるまで炒める。2のだしを加えて、白身魚を適当な大きさに切ってのせ、パプリカとしいたけを加えて強火にかける。沸騰したら、ふたをして弱めの中火で水分がなくなるまで約10分火にかけ、2のいかとあさり、ピーマンを加えて、ふたをして約5分火にかける。味を見て足りなければ塩、好みでこしょうを加える。レモンを絞ってかける。

★離乳食&幼児食には
ごはんを取り分けて、和風だしなど水分を加えて柔らかくする。

材料と作り方〈作りやすい分量〉

にんじん ── 1本
れんこん ── 5～6cm
かぶ ── 2個
アスパラガス ── 4本
たけのこの水煮 ── 約100g
赤・黄パプリカ ── 各½個
ズッキーニ ── 1本
レモン ── 1個
プチトマト ── 8個

ピクルス液
白ワイン ── 100㎖
酢 ── 300㎖
砂糖 ── 大さじ8
塩 ── 大さじ2

1. プチトマト以外の野菜を食べやすく切る。

2. 鍋にピクルス液と水300㎖を入れて火にかけ、砂糖と塩を溶かす。1の野菜を材料表の順番にかたいものから、そのつど沸騰させて次を入れる。火を止めて、プチトマトと輪切りのレモンを入れる。冷めたら清潔な保存容器に移す。

• 冷蔵庫で約1週間。

ピクルス液で軽く煮ると、味がなじむ

カラフル野菜のピクルス

材料と作り方〈4人分〉

合いびき肉 ── 300g
じゃがいも ── 1個
にんじん ── 1/4本
れんこん ── 3〜4cm
しいたけ ── 2個
ほうれん草 ── 1/2束
卵 ── 1個
ケチャップ ── 大さじ3
中濃ソース ── 大さじ2
塩、こしょう、油 ── 各適量
つけ合わせの野菜（サラダ菜、プチトマト）
── 適量

1. にんじん、れんこん、しいたけはみじん切りにしてゆでる。引き上げる直前に粗みじん切りにしたほうれん草を加え、すべて一度にザルに上げて粗熱を取る。水気を絞る。

2. ボウルに肉を入れ、じゃがいもをすりおろして加える。1の野菜、卵を加え、塩こしょうする。手でよく混ぜ、8等分して丸める。

3. フライパンに油をひいて2を並べ、強めの中火で底面を焼き固めたら、返す。ふたをして弱火で約10分、中まで火を通す。仕上げにケチャップ、中濃ソースを加えてからめ、味を見て足りなければ塩、好みでこしょうを加える。皿に盛り、サラダ菜とプチトマトを添える。

★離乳食&幼児食には
離乳後期から。3の、ケチャップなどの調味料を加える前に取り出して与える。和風だしにとろみをつけてソースにしてもよい。

パエリア&ハンバーグ
- 冷蔵庫で2〜3日。
- 冷凍できる。冷凍・解凍方法はP.127。

じゃがいものつなぎでソフトな仕上がり

野菜たっぷり ハンバーグ

MES FAVORIS 'dessert'
志麻さんのお気に入り

フォンテーヌブロー

泡立て器一つで、あっという間に作れる

材料と作り方〈4人分〉
ヨーグルト ── 400g
生クリーム ── 200mℓ
砂糖 ── 大さじ1～2
ジャム（ブルーベリーなど果肉が多いもの）
── 適量

1. 生クリームに砂糖を加えて、角がしっかり立つまで泡立てる（**A**）。
2. ヨーグルトを加えてさっくり混ぜ、カップに入れて、冷やす。食べるときにジャムをトッピング。

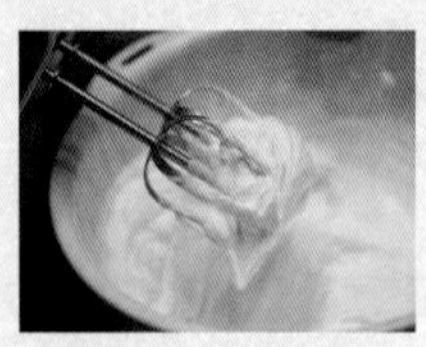

このくらいかたくなるまで泡立てる。
A

•冷蔵庫で翌日まで。

★離乳食&幼児食には
生クリームが食べられるようになったら与える。

PART 4

'I' FAMILY

はらぺこ3きょうだいの大満足ごはん10

PROFILE
母：T・Iさん（38歳）
職業：フリーランスの広報
家族構成：父（50歳）・母・長男（12歳）・次男（8歳）・長女（3歳）

「3人の子どもは食べ盛りで、いつもおなかをすかせています。この食欲は大切にしたいけれど、甘いおやつで空腹を満たすことは避けたいです」

おやつというより、軽食を用意するといいと思います。おやつのためだけに何かを作る余裕はなかなかなくても、夕食の料理や親のためのおつまみなどにもなるものを考えると、気も楽ではないでしょうか。

それに、子どもは案外甘いものより塩味のほうを喜びます。

たくさん食べるお子さんなら、ボリュームのあるサンドイッチはどうでしょう。パンにはさむものは、前日の夕食に作ったもの——たとえばハンバーグとサラダといったものを利用すると、すぐに用意できて、小学生なら自分で作ることもできるでしょう。クロックムッシュ

'I' FAMILY

ねえ、外行こうよ。
——おやつ食べてから!

いわしに塩、にんにく、にんじん、オリーブ油でマリネして低温でじっくり焼くと、自家製オイルサーディンのできあがり。

食べることが大好きな5人家族のおなかを満たす冷蔵庫。

も、ハムと溶けるチーズをたっぷりはさんで焼くだけでもおいしく、フランス人もこのシンプルバージョンをよく食べています。

キッシュやパスタもおやつにおすすめです。パスタは、どんなソースを作ればいいかと悩まれるかもしれませんが、決まりはありません。にんにくと玉ねぎを炒めたところにトマトを加えるだけでもいいし、オイルサーディン&パスタ（p.82）のように夕食の一部を使ったり、前日の煮込みをソースにしたりと、パスタにからめておいしいと思えるものなら何でもいいのです。

これらの軽食は、実は親たちのワインにもぴったり。子どものための軽食が、子どもが眠ったあとの夫婦の語らいの時間にもおいしいものになるなら、作るのも楽しみになりますよね。

夕食にも軽食にもなる料理を、考えましょう。

「栄養バランスも考えた間食のアイデア、ありますか？」

あじ、いわし、いかといった手ごろな魚介で、気のきいたおつまみや華やかな料理が作れます。

3時間で10品、できあがり！

オイルサーディン&パスタ
P.82

きのこのキッシュ
P.79

いかの墨煮バスク風
P.83

ローストポーク
P.84

ドーナツサレ
» P.87

パプリカと
トマトのポタージュ
» P.77

あじの
レモンマリネと
じゃがいものサラダ
» P.78

いちごの
アイスクリーム
» P.88

じゃがいもの
ガレット
» P.87

春野菜の
バター風味
» P.85

教えて、志麻さん！ 1

子どもに作ったおやつが、ちょっとした食事にもなるとうれしい。

おやつにも食事にもなる軽食

おやつのアイデアとして、キッシュ、ドーナツ、ガレットを作りました。甘いお菓子ではなく、野菜や豆腐を使った軽食感覚のおやつで、休日のブランチや在宅勤務の大人の昼ごはんにもなります。

きのこのキッシュ（p.79）には、お好きなきのこを入れてください。キッシュは、卵液に生クリームを入れることが多いのですが、きのこは味が深いので、卵と牛乳だけで十分コクが出ます。塩は、きのこを炒めるときにしっかりめにし、卵液には控えめに。卵液の味つけを濃くすると、しつこくなります。材料を流し入れる前にパイシートに粉チーズをふっておくと、チーズが溶けて壁になり、皮がカリッと焼きあがります。

キッシュは冷凍パイシートを買っておけば手軽なので、私はよく作ります。フランスではキッシュは前菜によく出しますし、ランチでもよく食べます。中身は、お好きな野菜に、ベーコンやツナ、生ハムな

スライスしたメークインをフライ返しで押さえながらバターを足して焼く。香ばしいガレットのできあがり。

大きくなったら料理人になるんだ！今からよく見ておかなくちゃ。

大丈夫！

食べごたえがあって、甘くないものを作りましょう。

どちょっと味の濃いものを組み合わせるのがコツです。野菜は、炒めた玉ねぎやゆがいたほうれん草、あるいはズッキーニやかぶなどをごろごろ切ってレンジで火を通したものでもおいしいです。

ドーナツサレ（p.87）は塩気のあるドーナツです。今日は手軽に市販のホットケーキミックスを使いました。これに卵と豆腐とチーズを混ぜて、牛乳でよい濃度にして、ピンポン玉の大きさにして揚げます。これも中身を変えてアレンジを楽しんでください。ツナ、オリーブ、アンチョビ、チーズのような、味の濃いものが合います。

ガレット（p.87）は、薄切りにしたじゃがいもを重ねて、バターでカリカリに焼きます。私はいつもメークインを使います。粘り気があって崩れにくく、こんがり焼けます。バターを少しずつ加えて焼いてください。ガレットは肉や魚のつけ合わせにもなるし、じゃがいもの間にチーズをはさんで焼くとワインのおつまみにもなります。

玉ねぎは、ポタージュやスープの味のベース。じっくり炒めて甘みを引き出す。

ドーナツサレは、火の通りが効率的なピンポン玉の大きさに。コロッケや肉団子でも使えるテク。

教えて、志麻さん！ 2

私も夫も晩酌が楽しみ。メインディッシュや目新しいおつまみを。お酒にも合う

いつもと違う気分を味わって

お子さんが小さい間は、外での食事もままならないかもしれません。でも、成長するにつれ、家でレストラン気分を味わえる料理を作ってみてもいいのではないでしょうか。子どもも大人と同じ料理を食べることを誇らしく思い、好き嫌いも減るかもしれません。このお宅でもいくつか作ってみました。

一つは、いかの墨煮バスク風（p.83）。いかをトマトで煮込んで、市販のいか墨ペーストを加えるだけで、レストランの料理になります。もちろん生のいかの墨を使ってよく、内臓についている墨袋を指で引っ張ってはがし、包丁でしごけば墨が取れます。ただ、いかによって墨の量が少ないことがあります。墨なしでトマトだけで煮てもおいしく仕上がります。

オイルサーディン（p.82）は、おつまみにもなるし、子どもにはパスタのソースに展開できます。自家製のオイルサーディン作りも楽しいものです。

パプリカとトマトのポタージュ。ブレンダーでフライパンのままミキシングして、ひと煮立ちさせればできあがり。

ローストポークは鍋で作れる。肉の表面を焼きつけて野菜を軽く炒めたら、水分をちょっと入れて、ふたをして蒸し焼き。

サラダも豪華に。あじのレモンマリネとじゃがいものサラダ（p.78）です。じゃがいもを合わせて、ボリュームたっぷり。あじは塩をふってしばらく置くと、臭みのある水分が出るので、酢で洗い流します。

大丈夫！

家族で華やかな気分を味わえる料理を考えましょう。

MES FAVORIS
志麻さんのお気に入り
'potage'

パプリカとトマトのポタージュ

くったり煮たパプリカの甘みがたっぷり

材料と作り方〈4人分〉

赤パプリカ ── 2個
トマト ── 2個
玉ねぎ ── 1個
牛乳 ── 150〜200mℓ
コンソメキューブ ── 1個
生クリーム（好みで）── 適量
塩、こしょう、油 ── 各適量

1. パプリカ、トマトは小さめのざく切り、玉ねぎは薄切り。
2. フライパンに油をひいて玉ねぎを入れ、軽く塩をして、弱めの中火でしんなりするまで炒める。パプリカを加えてしんなりするまで炒め、トマトを加えて軽く炒め、水200mℓとコンソメを加える。ふたをして弱めの中火で、パプリカが指でつぶせるくらいくたくたになるまで約20分煮る。
3. 牛乳を加えて、ブレンダーかミキサーでなめらかにする。目の細かいザルがあれば、こすとさらになめらかな口当たりになる。ひと煮立ちさせ、味を見て足りなければ塩、好みでこしょうを加える。器に入れて、好みで生クリームを回す。

- 冷蔵庫で2〜3日。
- 冷凍できる。冷凍・解凍方法はp.127。

あじのレモンマリネと じゃがいものサラダ

さっぱりしたボリュームサラダ

材料と作り方〈4人分〉

あじのフィレ(刺身用) ── 8枚
酢 ── 適量
じゃがいも ── 2個
赤玉ねぎ ── 1/8個
黒オリーブ(種なし) ── 少量
レモン ── 1個
イタリアンパセリ ── 適量
オリーブ油 ── 大さじ1
塩、こしょう ── 各適量

1. あじにしっかり塩をして15分ほど置く(**A**)。ボウルに酢を入れてあじを洗い、塩を取る。レモン1/2個を絞りかけ、冷蔵庫で20〜30分置く。

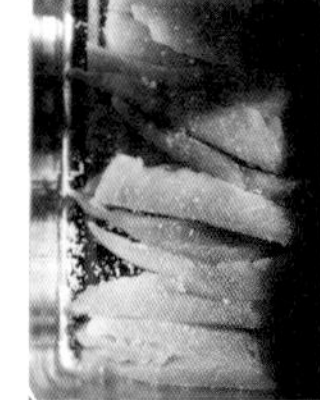

塩をしてしばらく置くと、水分が出て臭みが抜ける。

A

2. じゃがいもは皮つきのまま丸ごとラップで包み、電子レンジで柔らかくする。600Wで5〜6分が目安。途中で上下を返す。皮をむいて1㎝厚さの輪切りにする。赤玉ねぎは繊維に対して垂直に薄切りにする。

3. ボウルにじゃがいも、赤玉ねぎ、輪切りにしたオリーブ、レモン汁1/2個分、オリーブ油を入れて、塩こしょうをしてざっくりと混ぜる。

4. 器にあじと3を盛りつけ、イタリアンパセリを飾る。オリーブ油(分量外)を回しかける。

- その日のうちに食べる。

生クリームなしでこんなにおいしいのは
きのこのうまみがたっぷりだから

きのこのキッシュ

材料と作り方〈直径20cmの型1台分〉

冷凍パイシート（20×20cm）── 2枚
玉ねぎ ── ½個
しいたけ ── 1パック（4〜6個）
マッシュルーム ── 1パック（6〜8個）
しめじ ── 1パック
ベーコン（スライス）── 2〜3枚
卵 ── 3個
牛乳 ── 250mℓ
ピザ用チーズ ── ひとつかみ
粉チーズ ── 適量
塩、こしょう、油 ── 各適量

1. 玉ねぎ、しいたけ、マッシュルームは薄切り、しめじはざく切りにする。ベーコンは細切りにする。パイシートは冷蔵庫か室温で半解凍する。

2. フライパンに油をひいて玉ねぎを入れ、軽く塩をして、弱めの中火でしんなりするまで炒める。きのこを加えて炒め、最後にベーコンを加えて、塩こしょうをしっかりふって味をととのえる。器に移して粗熱を取る。

3. ボウルに卵、牛乳を入れてよく混ぜ、軽く塩こしょうする。

4. 2枚のパイシートをつなげて、型より大きめにのばす。型にパイシートを敷き、粉チーズをふる。2を入れて3を回し入れ、ピザ用チーズを散らす。はみ出たシートは、型の周囲にくっつけるようにして押さえる。200度に熱したオーブンで30〜40分焼く。

- 冷蔵庫で2〜3日
- 冷凍できる。冷凍・解凍方法は**P.127**。

オイルサーディン&パスタ

» P.82

いかの墨煮
バスク風

» P.83

オイルサーディン&パスタ

ワインにぴったりのオードブル
パスタのソースにもなる

材料と作り方〈作りやすい分量〉

オイルサーディン

- いわしの開き —— 12枚
- にんじん —— ½本
- にんにく —— 1かけ
- オリーブ油 —— 適量
- ローリエ —— 2〜3枚
- 塩、黒粒こしょう—— 各適量

パスタ〈1人分〉

- パスタ（スパゲッティ、フェトチーネなど） —— 80g
- 上記で作ったオイルサーディン —— 3枚
- セロリ —— ½本
- にんにく —— 1かけ
- くるみ（あれば）—— 適量
- イタリアンパセリ（あれば）—— 適量
- オリーブ油 —— 大さじ1
- 塩、こしょう —— 各適量

A

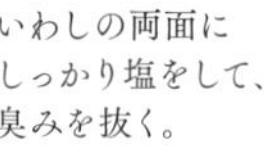

いわしの両面に
しっかり塩をして、
臭みを抜く。

B

粒こしょうは、時間を
かけて味をじっくり
つけるのに向いている。

オイルサーディン

1. いわしにしっかり塩をして20〜30分置く（A）。にんじんは薄く輪切りに、にんにくは薄切りにする。

2. いわしは、出てきた水分をキッチンペーパーでふいて耐熱容器に並べる。にんじん、にんにくをいわしの上に散らし、オリーブ油をひたひたに入れる。粒こしょうをふり、ローリエをのせる（B）。

3. 120度に熱したオーブンで1時間焼く。

• オイルサーディンは冷蔵庫で1週間。

パスタ

1. オイルサーディンを粗くほぐして、骨が気になれば取る。セロリは薄切り、にんにくは半分に切る。くるみは刻む。

2. パスタを袋の表示通りゆでる。ゆで汁は、湯1ℓに対して塩大さじ⅔を目安に、飲んでおいしいと思う塩加減で。

3. フライパンにオリーブ油をひいてにんにくを入れ、弱火にかける。香りが出たら、くるみを入れて炒める。セロリを加えて2のゆで汁を大さじ2くらい加える。パスタ、オイルサーディンのほぐし身を加えて混ぜる。味を見て足りなければ塩、好みでこしょうを加える。器に盛りつけてイタリアンパセリを散らす。

いかの墨煮　バスク風

**魚介の煮込みを
お米といっしょに食べるバスク風
いか墨はペーストを使えば簡単**

材料と作り方〈4人分〉

いか —— 4はい
いか墨ペースト（またはいかの墨）—— 8g
玉ねぎ —— 1個
にんにく —— 1かけ
セロリの葉（あれば）—— 適量
米 —— 1合（180mℓ）
白ワイン（なければ日本酒）—— 100mℓ
トマト缶 —— 1缶（400g）
コンソメキューブ —— 1個
ローリエ —— 1枚
塩、こしょう —— 各適量
オリーブ油 —— 適量

1. 玉ねぎ、にんにく、セロリの葉は、みじん切りにする。いかは胴から足をはずし、足からワタを切り取る。胴は1cm幅の輪切りに、足は食べやすい長さに切る。

2. 米をたっぷりの熱湯に入れて、柔らかくなるまで12〜15分ゆで（A）、ザルに上げる。

3. フライパンにオリーブ油をひいてにんにく、玉ねぎを入れ、軽く塩をして、弱めの中火でしんなりするまで炒める。セロリの葉といかの胴、足を入れて強火で炒める。いかの色が変わったら白ワイン、トマト缶を汁ごと入れて、水100mℓ、コンソメ、ローリエを入れて、ふたをして10分煮る。仕上げにいか墨を煮汁で溶いて加え、ひと煮立ちさせる。味を見て足りなければ塩、好みでこしょうを加える。

4. 器に2と3を盛りつける。

MEMO　いかの墨を使う場合は、ワタから墨袋をはがし、墨を包丁でしごき出して使う。

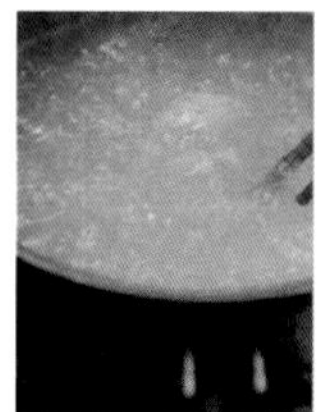

A　米はたっぷりの熱湯でゆでる。

- 冷蔵庫で2〜3日。
- 冷凍できる。冷凍・解凍方法はP.127。

材料と作り方〈作りやすい分量〉

豚肩ロース肉（かたまり）── 600g
じゃがいも（メークイン）── 3〜4個
玉ねぎ ── 1個
にんじん ── 1本
にんにく ── 1株
ベーコン（厚切り）── 100g
マスタード ── 大さじ1
ローリエ ── 2〜3枚
塩、こしょう ── 各適量
油 ── 適量

1. じゃがいもは洗って皮つきのまま厚めの輪切りにする。玉ねぎは大きめのくし形に、にんじんは厚めの半月切り。にんにくは1かけずつに分けて、皮はむかない。ベーコンは細切り。

2. 豚肉の表面に塩こしょうをしっかりする。鍋に油をひいて強火で熱し、豚肉を入れてすべての面に焼き目をつけ、取り出す。

3. 2の鍋に野菜とにんにくを入れて軽く炒め（A）、水100mℓを加えてマスタードを溶かし、豚肉を戻す。ベーコンとローリエを入れて、ふたをして弱めの中火で40分ほど蒸し焼きにする。途中で肉の上下を2〜3回返す。野菜も上下を入れ替える。

4. 肉を2〜3cmの幅に切って盛りつけ、野菜を添える。

鍋に残った
豚肉のうまみを
野菜に移す。
A

• 冷蔵庫で2〜3日。
• じゃがいも以外は冷凍できる。
冷凍・解凍方法はP.127。

鍋で手軽にロースト
マスタードソースのコクが豚肉によく合う

ローストポーク

ゆで汁にバターを溶かして、
おいしいソースに

春野菜のバター風味

材料と作り方〈4人分〉

にんじん ── ½本
カリフラワー ── ¼個
じゃがいも ── 2個
いんげん ── 8本
かぶ ── 1個
きぬさや ── 10本
グリンピース（缶詰）── 1缶（85g）
玉ねぎ ── ⅛個分
バター ── 20g
塩、こしょう ── 各適量

1. にんじん、じゃがいもは棒状に、カリフラワーは房に分けて一口大に、かぶは一口大のくし形に、いんげんは縦2つか3つに切る。きぬさやは筋を取る。

2. 鍋にたっぷりの湯を沸かし、野菜をかたいものから、にんじん、カリフラワー、じゃがいも、いんげん、かぶ、きぬさや、グリンピースの順に入れてゆで（**A**）、全部いっしょにザルに上げる。

3. 2のゆで汁を鍋に100mℓほど残してバターと玉ねぎのみじん切りを加えて軽く塩こしょうし、野菜を戻し入れて強火でからめる。

A

野菜は同じ鍋に次々と入れてゆでていき、グリンピースを入れたあとはサッと火を通すだけ。ゆで汁はソースに使うので、くれぐれも全部捨ててしまわないように。

MEMO 野菜は、3で軽く火を入れるので、ややかためにゆでておく。

- 冷蔵庫で2〜3日。

ドーナツサレ

じゃがいもの
ガレット

じゃがいものガレット

**じゃがいもとバターだけで、
とびきりの香ばしさ**

材料と作り方〈直径18cmのフライパン〉

じゃがいも（メークイン）── 4〜5個
塩 ── ひとつまみ
バター ── 50g

1. じゃがいもは薄くスライスする。スライサーを使えば簡単。塩をまぶす。フライパンを弱火にかけてバターの半量を入れて溶かし、じゃがいもを並べる。

2. バターが小さく泡立つ程度の弱火で焼く。途中、ときどきフライ返しで上から押さえて底全体が均一に色づくように焼く。ふちが色よく焼けたら、ふたや皿を使って返し、もう片面も残りのバターを2〜3回に分けて足しながら、弱めの中火で焼く。全体にこんがり焼き色がついたらできあがり。

• その日のうちに食べる。

ドーナツサレ

**絹豆腐を加えてふんわり
甘くない軽食ドーナツ**

材料と作り方〈約20個分〉

ホットケーキミックス ── 200g
絹豆腐 ── 200g
卵 ── 1個
牛乳 ── 50mℓ
ピザ用チーズ ── 150g
油 ── 適量

1. ボウルに豆腐を入れて、泡立て器でよくすりつぶす。卵を入れてよく混ぜ、ホットケーキミックス、牛乳、チーズを入れて混ぜる。

2. フライパンに油を深さ3cmくらい入れて中火にかけ、冷たいうちに **1** を少量落とす。それが浮いてきたら適温になっているので、**1** をピンポン玉くらいの大きさにスプーンですくって油に落とし、弱火にして揚げる（**A**）。表面全体がこんがり色づいたら取り出す。

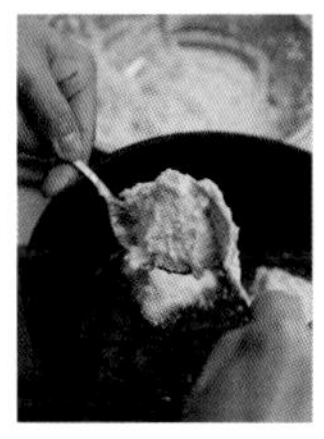

A 焦げやすいので、油に落としたら火を弱める。

MEMO ツナやオリーブなど、食感や味のアクセントになるものを混ぜてもよい。

• その日のうちに食べる。

MES FAVORIS 'dessert'
志麻さんのお気に入り

いちごのアイスクリーム

**冷凍庫に入れたら途中で混ぜる手間なし
卵白の力でふんわりした仕上がり**

材料と作り方〈作りやすい量〉

いちご(冷凍でもフレッシュでも)
── 1パック(約20粒)
生クリーム ── 100mℓ
卵白 ── 1個分
砂糖 ── 50g

1. いちごはつぶす。冷凍いちごは常温で半解凍してつぶす。粒が残ってもよい。

2. 生クリームは角が立つまで泡立てる。別のボウルに卵白を入れて泡立て、途中で砂糖を加えて角が立つまでしっかり泡立てる(A)。

3. 生クリームにいちごを加えて混ぜ、泡立てた卵白を加えてさっくり混ぜる。密封袋に入れて、冷凍庫で冷やし固める。

卵白に
砂糖を入れると、
しっかり泡立つ。
A

夜9時からの体が喜ぶヘルシーごはん10

PROFILE
母：K・Sさん（42歳）
職業：銀行勤務
家族構成：父（46歳）・母・長女（11歳）

PART 5

'S' FAMILY

「塾がある日は夕食が遅くなります。就寝までの時間が短いので、消化がよくて満足感が得られる、そんな料理を探しています」

消化のいい夕食は、塾通いの子どもだけでなく、遅くまで勉強する学生さんを応援する家庭では、どこでもリクエストが多いのです。

成長期のお子さんと、健康が気になる年齢のご両親のための献立として、良質のタンパク質と野菜がバランスよくとれる煮込み料理を2品作りましょう。

一つは、豚肉のラグー じゃがいも添え（p.99）。豚肉は、吸収効率がよい良質のタンパク源です。またビタミンB_1やB_2を豊富に含んでいて、代謝を促し抗酸化作用にも優れています。蒸したじゃがいもを添えて、ごはんを食べなくても満足できるようにしました。じゃがいもはカロリーがごはんの半分で、代謝を助けるビタミンも含

'S' FAMILY

今日は、塾から帰ったら志麻さんの料理が待ってるね。

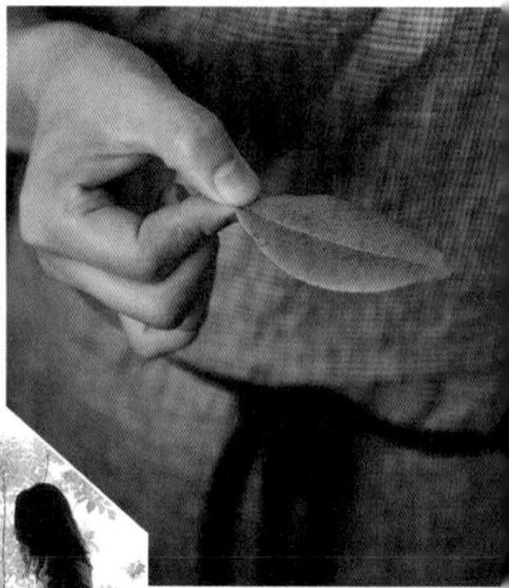

肉の煮込みにはローリエを。

仕事で遅くなっても、あるものでおいしい料理が作れるように、食材のバラエティを考えた冷蔵庫。

胃に
もたれない
おいしい
料理を。

まれています。じゃがいもを崩しながらソースをつけていただきましょう。

私はじゃがいもを調理するときは、おいしさが逃げないように電子レンジで丸ごと加熱します。きれいに洗って皮つきのままラップで包みます。途中で上下の向きを変えて、まんべんなく火を通してください。

もう一つは、ラム肉のクスクス（p.101）です。ラム肉は、体内で作れない必須アミノ酸や、青魚でおなじみの不飽和脂肪酸、また脂肪を燃焼させる成分を多く含む、ヘルシーな肉です。最近ではスーパーでも買えるようになったので、ぜひ作ってみてください。

いずれの料理も作り置きできて、温め直しておいしいものです。レパートリーに加えてみてください。

「仕事時間が不規則で出張続き。
そんなときは、いつもカレー。
作り置きの献立を増やしたい！」

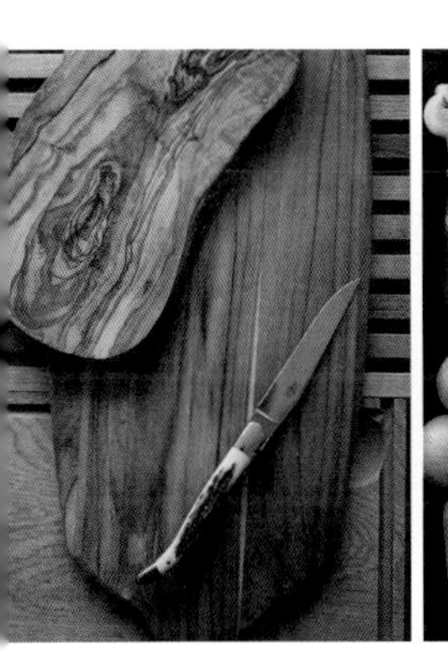

ラム肉が
手に入りやすく
なりました。
おいしい煮込みが
できますよ。

ラム肉のクスクス
P.101

豚肉のラグー
じゃがいも添え
P.99

きのことベーコンのポタージュ
P.97

プラムとオレンジのコンポート
P.108

アンチョビとオリーブのパイ
P.105

温野菜と生ハムのサラダ
P.100

3時間で10品、できあがり！

サーモンと白菜のブレゼ シュークルート風
P.106

ホタテのポワレ 白ワインソース
P.99

ペリゴール風サラダ
P.103

ブイヤベース
P.104

教えて、志麻さん！ 1

帰りが遅くなると、お鍋に頼りがち。鍋料理のバリエーションを教えて！

魚介を使った鍋料理

日本のお鍋は栄養のバランスがとれて消化もよく、準備が簡単なので、忙しい家庭の食卓の常連ですね。お鍋のバリエーションとして、魚介を使った、遅い夕食にもうれしい料理を2品紹介します。

一つは、サーモンと白菜のブレゼ シュークルート風（p.106）。野菜をコンソメスープで煮て、柔らかくなったら魚を入れて火を通します。白菜は、塩でもんで生っぽい臭みを取ってから煮ます。かさも減り、またワインビネガーの風味でさっぱりと仕上がるので、たくさん食べられます。

もう一つはブイヤベース（p.104）。魚介のだしをきかせる贅沢な料理で、本格的に作ろうとすると手間がかかるのですが、さば缶を使うととても手軽においしく仕上がります。魚介は、よいだしが出るあさりやえび、いかのほか、さばやぶりなど、クセのある魚を使うとコクが出ます。

さば缶がブイヤベースのおいしいだしに。

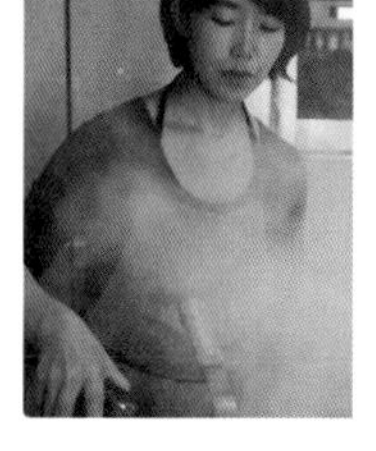

肉汁がこびりついた鍋に、ワインをじゅっと加えてうまみをこそげ取り、ソースに使う。

大丈夫！

フランスの家庭でよく作る、心温まる鍋料理を紹介。

気軽にホームパーティ

私がフランスの家庭で経験する楽しいことの一つが、ホームパーティです。フランス人は、外食するよりも自宅に人を招いて時間を気にせずおしゃべりと食事を楽しむことを好んでいるようです。

前菜もメインディッシュも、特別に豪勢なものはありません。前菜はチーズやオリーブなど、すぐ出せる簡単なものが多く、料理もシンプルな煮込みやオーブン焼きが中心です。にぎやかなおしゃべりは夜の10時や11時まで続くことがざらですが、終わったあとはみんなで片づけることも多く、招くほうも気が楽なのです。パーティの最中に「僕、ムース作るよ」と、ゲストがキッチンに立つ場面も。

こんなことを思い出しながら作ったのが、アンチョビとオリーブのパイ（p.105）、ペリゴール風サラダ（p.103）、デザートはプラムとオレンジのコンポート（p.108）です。

フレッシュなフルーツとドライフルーツを組み合わせてワインで煮てコンポートに。

ドレッシングは、まず酢に塩とこしょうをしっかり溶かしてから油を混ぜる。

教えて、志麻さん！ 2

ママ友や仕事仲間で集まるホームパーティが楽しみです。ちょっと気のきいた、おもてなしのアイデアを教えて。

アンチョビとオリーブのパイは、アンチョビとオリーブとにんにくを細かく刻んでペースト状にして、パイシートではさみ、スティック状にして焼きます。

ペリゴール風サラダは、サラダ野菜にポーチドエッグと砂肝のコンフィをのせて、ボリュームたっぷり。コンフィは油で煮るだけの簡単なレシピです。日持ちするので、たくさん作って保存しておけば、おつまみにもなるし、野菜と炒めてもよいでしょう。コンフィに使った油は風味がついているので、私はこしてビンに保存しておき、炒め物に使っています。

プラムとオレンジのコンポートは、赤ワインと砂糖で煮るだけ。オレンジを丸ごと煮ると、フレッシュ感が残ってスライスしたときの色のコントラストが美しいです。洒落たデザートですが、子どもも食べら

きのこをよく炒めて、ポタージュに。カリカリのベーコンがアクセント。

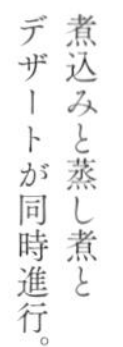

煮込みと蒸し煮とデザートが同時進行。

れます。ぶどうやりんごで作ってもおいしくいただけます。
煮込みでも盛り合わせのサラダでも、取り分けて食べる料理は気取らないパーティに向いています。気軽に楽しんでみてください。

大丈夫！

つまんで楽しいもの、囲んで楽しいもの、そしてお楽しみのデザートを紹介しましょう。

使った器具は調理の合間にどんどん洗っていく。

MES FAVORIS
志麻さんのお気に入り
'potage'

きのことベーコンのポタージュ

お好きなきのこを組み合わせて奥行きのある味わいに

材料と作り方〈4人分〉

玉ねぎ ── ½個
しめじ ── 1パック
しいたけ ── 5〜6個
マッシュルーム ── 5〜6個
ベーコン（スライス）── 4枚
コンソメキューブ ── 1個
牛乳 ── 300㎖
塩、こしょう ── 各適量
油 ── 適量

1. 玉ねぎは薄切り、きのこはざく切り。フライパンに油をひいて玉ねぎを入れ、軽く塩をして、弱めの中火でしんなりするまで炒める。きのこを加えてよく炒める。

2. ひたひたの水とコンソメを入れ、半量になるまで煮詰める。牛乳を加えてブレンダーかミキサーでなめらかにする。ひと煮立ちさせ、味を見て、足りなければ塩でととのえる。

3. ベーコンを細切りにしてカリカリに焼く。2を器に入れて、ベーコンを散らし、好みでこしょうをふる。

- 冷蔵庫で2〜3日。
- 冷凍できる。冷凍・解凍方法はP.127。

ホタテのポワレ
白ワインソース

豚肉のラグー
じゃがいも添え

豚肉のラグー　じゃがいも添え

**ごはんの代わりに蒸しじゃがいもを
ソースで崩しながら食べる**

材料と作り方〈4人分〉

豚肩肉（かたまり）── 500g
じゃがいも ── 4個
玉ねぎ ── 1個
にんじん ── 1～1.5本
白ワイン ── 100mℓ
コンソメキューブ ── 1個
ローリエ ── 1枚
生クリーム ── 200mℓ
小麦粉 ── 適量
パセリ ── 適量
油 ── 適量
塩、こしょう ── 各適量

1. 豚肉は大きめの一口大に切る。玉ねぎはくし形、にんじんは1cm厚さの輪切りにする。

2. 豚肉に塩こしょうし、小麦粉をまぶす。フライパンに油をひいて熱し、強火で豚肉のすべての面に焼き色をつけ、別の鍋に取り出す。フライパンに脂がたくさん残っていたらふき取り、白ワインを入れて強火にかけ、こびりついたうまみをこそげ取って煮溶かす。

3. 肉を入れた鍋に、玉ねぎ、にんじんを入れて、2で煮溶かした汁を入れ、水を肉がすっかりかぶるまで入れる。強火で沸騰させてアクを取り、コンソメ、ローリエを入れて、ふたを少しずらしてかぶせ、煮汁が⅓量になるまで中火で約30分煮る（A）。

4. 生クリームを加えて、味を見て足りなければ塩、好みでこしょうを加えて、ひと煮立ちさせる。じゃがいもは丸ごとラップに包み、電子レンジで中まで火を通す。600Wで約8分。途中で上下を返す。皮をむく。じゃがいもを添えてパセリのみじん切りを散らす。

A
途中で混ぜながら
このくらいまで
煮詰める。

・冷蔵庫で2～3日。
・冷凍できる。冷凍・解凍方法はP.127。

ホタテのポワレ　白ワインソース

**魚介によく合う、
フランス定番のソースで**

材料と作り方〈4人分〉

ホタテ（冷凍でも生でも）── 12個
ほうれん草 ── 1～2束
玉ねぎ ── ¼個
白ワイン ── 200mℓ
バター ── 100g
レモン ── ½個
油 ── 適量
塩、こしょう ── 各適量

1. 冷凍のホタテの場合は冷蔵庫で自然解凍する。ほうれん草はサッとゆでて4～5cm長さに切り、水気を絞る。

2. ソースを作る。鍋に薄切りにした玉ねぎ、塩ひとつまみ、白ワインを入れて火にかけ、⅓量まで煮詰める。ザルでこして玉ねぎを取り除き、煮汁を火にかけてバターを加え、溶かし混ぜる（A）。火を止めて、レモンを絞る。味を見て足りなければ塩、好みでこしょうを加える。

3. ホタテは余分な水分をキッチンペーパーでふく。塩こしょうをふり、油をひいたフライパンに入れて、動かさずに両面を強火で焼きつける。器にほうれん草を盛り、ホタテを盛りつけて、ソースを回しかける。

A
火が強すぎると
分離するので注意。

・その日のうちに食べる。

チョリソーを入れて、ふたをして中まで火を通す。味を見て足りなければ塩、好みでこしょう。

4. ボウルにクスクスと、同量の湯、塩ひとつまみを入れ、オリーブ油をひと回しして、ラップをして箱の表示通りに置いてふやかし、ほぐす。器にクスクスと3を盛りつける。アリッサを添える。

MEMO アリッサはラム肉に合うスパイス。唐辛子をベースに、にんにく、クミン、コリアンダーなどが入っていて、辛みの中に豊かな風味がある。

- 3は冷蔵庫で2〜3日。4は食べるときに作る。
- 3は冷凍できる。冷凍・解凍方法はP.127。

かたい野菜から
順に投入して一度に上げる

温野菜と生ハムのサラダ

材料と作り方〈4人分〉

にんじん ── 1/2本
カリフラワー ── 1/2個
かぶ ── 1〜2個
かぼちゃ ── 1/4個
スナップえんどう ── 10個
生ハム ── 適量

ドレッシング〈作りやすい分量〉

酢 ── 大さじ2
マスタード（粒なし）── 大さじ1
塩、こしょう ── 各少々
油 ── 大さじ6

1. にんじんは太めの棒状に、カリフラワーは小房に分け、かぶはくし形に、かぼちゃは薄く切る。スナップえんどうは筋を取る。

2. 鍋にたっぷりの湯を沸かす。かたい野菜から、にんじん、カリフラワー、かぶ、かぼちゃ、スナップえんどうの順に入れてゆで、ザルに上げる。

3. ドレッシングを作る。酢に、マスタード、塩、こしょうをよく溶かし、油を加えてよく混ぜる（**A**）。野菜と生ハムを盛りつけ、ドレッシングを好みの量かける。

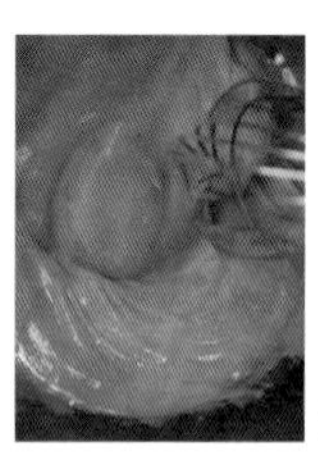

A
塩を溶かしてから油をよく混ぜる。

- 冷蔵庫で2〜3日。

クスクスは小粒のパスタ
さらっとしたソースに合う

ラム肉のクスクス

材料と作り方〈4人分〉

ラム肉 ── 500～600g
玉ねぎ ── 1個
にんじん ── 1本
なす ── 2本
ズッキーニ ── 1本
赤・黄パプリカ ── 各1個
チョリソー（またはソーセージ）── 8～10本
白ワイン（なければ日本酒）── 150mℓ
トマトペースト（ミニパック）── 2袋（36g）
コンソメキューブ ── 2個
クスクス ── 200mℓ
アリッサ（あれば）── 適量
オリーブ油 ── 適量
塩、こしょう ── 各適量

1. ラム肉と野菜は、大きめの一口大に切る。ラム肉に塩こしょうし、フライパンにオリーブ油をひいて熱し、強火でラム肉のすべての面を焼き、別の鍋に取り出す。肉を焼いたあとのフライパンに玉ねぎ、にんじんを入れて軽く炒め、トマトペーストと白ワインを加えて強火にかけ、こびりついたうまみをこそげ取って煮溶かす。

2. 肉を入れた鍋に1の汁を野菜ごと入れ、材料がかぶるくらいの水を入れる。沸騰したらアクを取ってコンソメを入れ、中火で煮る。

3. にんじんが柔らかくなったら、なす、ズッキーニ、パプリカを加えて柔らかくなるまで煮る。

ペリゴール風
サラダ

ブイヤベース » P.104

ペリゴール風サラダ

砂肝のコンフィでペリゴール風に
ボリュームサラダはくるみがアクセント

材料と作り方〈4人分〉

砂肝のコンフィ
- 砂肝 ── 400g
- にんにく ── 1かけ
- 油 ── 適量
  （サラダ油またはオリーブ油）
- 塩、こしょう ── 各適量

ポーチドエッグ
- 卵── 4個
- 塩 ── ひとつまみ
- 酢 ── 大さじ2〜3

サラダ野菜 ── 各適量
（グリーンカール、サニーレタスなど）
ベーコン（厚切り）── 150g
くるみ ── ひとつかみ

ドレッシング
- 酢 ── 大さじ1
- マスタード ── 大さじ½
- 塩、こしょう ── 各少々
- オリーブ油 ── 大さじ3

1. 砂肝のコンフィを作る。砂肝は白い部分をそぎ切り、塩小さじ½とこしょう適量をまぶす。にんにくを薄切りにし、砂肝と合わせて30分置く（**A**）。鍋に砂肝、にんにく、ひたひたの油を入れて強火にかけ、沸騰したら弱火にして15分煮る（**B**）。そのまま冷ます。

A

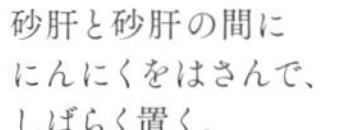
砂肝と砂肝の間ににんにくをはさんで、しばらく置く。

B

ときどき混ぜながら煮る。

2. ポーチドエッグを**P.45**の要領で4個作る。

3. 1の砂肝を5㎜厚さに切り、細切りにしたベーコン、くるみといっしょにフライパンで強火でサッと焼きつける。ドレッシングは、酢に塩こしょうをよく溶かし、マスタード、オリーブ油を混ぜる。サラダ野菜を適当な大きさにちぎって器に敷き、砂肝、ベーコン、くるみを盛りつけて、2をのせる。ドレッシングを好みの分量かける。

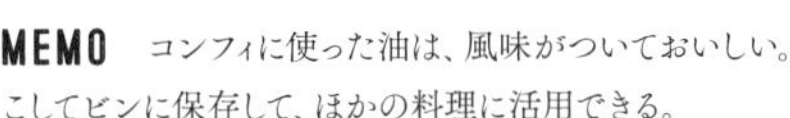
MEMO コンフィに使った油は、風味がついておいしい。こしてビンに保存して、ほかの料理に活用できる。

- 砂肝は、油に漬けたまま冷蔵庫で2〜3日。
- 砂肝は油を切った状態で冷凍できる。冷凍・解凍方法は**P.127**。

ブイヤベース

さば缶が上等なだしになる
魚介は大ぶりに切って
華やかに

材料と作り方〈4人分〉

有頭えび —— 8尾
あさり（大）—— 8個
ホタテ（大・生でも冷凍でも）—— 8個
玉ねぎ —— ½個
セロリ —— ½本
さば缶 —— 2缶（380g）
にんにく —— 1かけ
白ワイン —— 100mℓ
トマト缶 —— 1缶（400g）
オリーブ油、塩、こしょう —— 各適量

アイオリソース

卵黄 —— 1個
にんにく —— 1かけ
レモン汁 —— ½個分
塩、こしょう —— 各適量
オリーブ油 —— 適量

1. 冷凍のホタテは冷蔵庫で自然解凍する。有頭えびは背ワタを取る。あさりは砂抜きして、こすり洗いする。玉ねぎ、セロリは薄切り。にんにくは半分に切って包丁の腹でつぶす。

2. フライパンにオリーブ油をひいてにんにくを入れ、弱火にかける。香りが出たら玉ねぎとセロリを入れてしんなりするまで炒める。あさりとえびを入れて白ワインを加え、ふたをして強火で蒸す。あさりの口が開いたら、ホタテ、さば缶の汁だけ、トマト缶を汁ごと、水400mℓを加え、10分煮る。味を見て足りなければ塩、好みでこしょうを加え、さばの身を大きく分けて入れて、火を止めて余熱で温める。

3. アイオリソースを作る。にんにくはすりおろす。ボウルにオリーブ油以外の材料を入れてよく混ぜ、オリーブ油をたらしながら混ぜる。好みでスープにアイオリソースを溶かしながら食べる。

- 冷蔵庫で2〜3日。

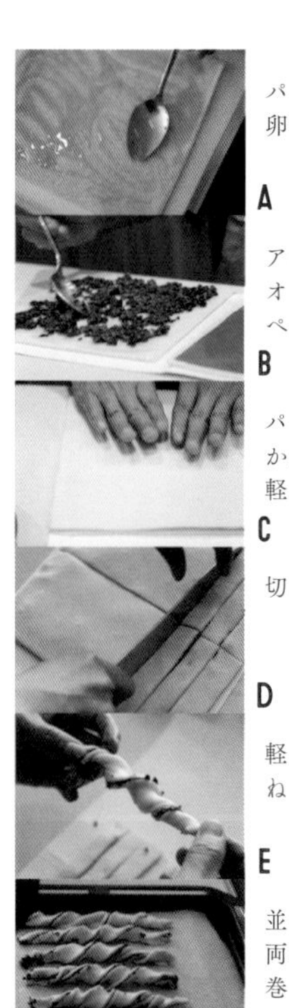

A パイシートに卵液を塗る。

B アンチョビとオリーブのペーストを塗る。

C パイシートかぶせて軽く押さえる。

D 切る。

E 軽く引っ張りながらねじる。

F 並べてから両端を押さえると、巻きがほどけない。

アンチョビの塩味がきいた
フレンチねじりパイ

アンチョビとオリーブのパイ

材料と作り方〈作りやすい分量〉

冷凍パイシート（20×20cm）── 2枚
アンチョビ ── 6〜7枚
黒オリーブ（種なし）── 10個
にんにく ── ½かけ
粉チーズ ── 大さじ1
卵黄 ── 1個分

- 常温で翌日まで。
- 2まで作って冷凍。冷凍・解凍方法はP.127。
  食べるときは、冷凍のままオーブンに入れて焼く。

1. パイシートは冷蔵庫か室温で半解凍する。アンチョビ、オリーブ、にんにくはみじん切りにして混ぜ、粉チーズを加え、ペースト状になるまでさらに細かく刻む。

2. 卵黄に水大さじ1を加えて溶き混ぜる。パイシート1枚を広げて卵液を塗り、1を塗る。上にもう1枚のパイシートをかぶせて軽く押さえ、半分に切り、さらに縦長に約2cm幅に切る。1切れずつ、引っ張りながらねじる（A〜E » P.104）。

3. 180度に熱したオーブンに入れ（F » P.104）、20〜30分焼く。

フランスの家庭の素朴な煮物
さっぱりした蒸し野菜と
サーモンがよく合う

サーモンと白菜のブレゼ

シュークルート風

材料と作り方〈4人分〉

白菜 ── ½個
サーモン ── 4切れ
玉ねぎ ── 1個
にんじん ── 1本
ベーコン（スライス）── 5〜6枚
白ワイン ── 100mℓ
白ワインビネガー（なければ酢）
── 150mℓ
コンソメキューブ ── 2個
ローリエ ── 1〜2枚
塩、こしょう ── 各適量

1. 白菜は繊維に垂直に細切りにし、塩小さじ1をふってよくもむ。15分くらい置いて、水分をよく絞る（**A**）。玉ねぎは薄切り、にんじんは1〜2cm厚さの輪切り、ベーコンは細切りにする。

2. 1の白菜を鍋に入れ、玉ねぎ、にんじん、白ワイン、白ワインビネガーを入れて、材料が十分かぶるくらい水を入れて火にかける。強火で沸騰させてアクを取り、コンソメとローリエを入れて中火で煮る。ふたはしない。

3. にんじんが柔らかくなって水分が半分まで減ったら、ベーコンを加え、サーモンに塩こしょうしてのせる。ふたをして中火で約10分蒸し煮にする。

MEMO ワインビネガーの代わりに米酢を使ってもよい。その場合は、分量を2〜3割減にすると酸っぱさが和らぐ。

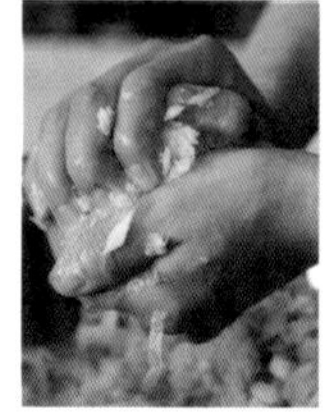

A

白菜は、
しっかり絞ると、
青臭みが
取れる。

- 冷蔵庫で2〜3日。
  白菜のブレゼだけだと4〜5日持つので、
  サーモンなしで仕上げて、
  食べるときにサーモンを加えて蒸してもよい。
- 冷凍できる。冷凍・解凍方法はP.127。

MES FAVORIS 'dessert'

志麻さんのお気に入り

プラムとオレンジのコンポート

ドライフルーツのコクとフルーツのフレッシュ感を楽しんで

材料と作り方〈4人分〉

乾燥プラム（種なし）── 約16粒
オレンジ ── 1〜2個
赤ワイン ── 500mℓ
砂糖 ── 大さじ3
シナモン（好みで）── 少々

オレンジは
丸ごと入れる。

A

1. オレンジは丸のまま皮をむく。すべての材料を鍋に入れて火にかける（A）。オレンジをときどき返しながら、弱火で15分煮る。

2. 火を止めたら、冷めるまでそのまま漬け込んでおく。煮汁もいっしょに盛りつける。

•冷蔵庫で２〜3日。

PART 6

お弁当のおかずにも大活躍！段取り上手の楽々ごはん10

PROFILE
母：K・Hさん（52歳）
職業：IT企業勤務
家族構成：父（50歳）・母・長女（15歳）

'H' FAMILY

「中学生の娘のお弁当が悩みです。翌日のお弁当のおかずにもなる夕食のアイデア、ありますか？」

朝の限られた時間に、お弁当作りの負担をできるだけ減らすためにも、前日の料理を上手に利用したいですね。お弁当のおかずになることも視野に入れた料理を考えてみました。このお宅で作ったレシピはすべて、お弁当に利用できます。

脂分の少ない煮込みは冷めてもおいしく食べられますし、サッと煮たり炒めたりするものよりも傷みにくいのです。いろいろなきのこをトマトで煮込んだシャンピニオングレッグ（p.122）は、冷菜として食べることもでき、お弁当にもおすすめです。

鶏肉は脂が溶ける温度が30度前後なので、冷めても、食べると口の中で溶けて口当たりが悪くならず、お弁当に向いています。鶏のココナッツミルクカレー（p.119）は、野菜をふんだんに入れて、香りにも配慮しました。ジャーに

'H' FAMILY

明日のお弁当が楽しみ！

前日のおかずもかわいくアレンジ！

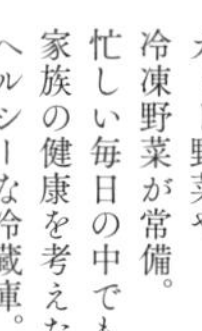

カット野菜や冷凍野菜が常備。忙しい毎日の中でも、家族の健康を考えたヘルシーな冷蔵庫。

ふたを開けるのが楽しみなお弁当を作りましょう。

入れて熱々を持っていっても、ふたを開けたときカレーの強いにおいがしません。

ペンネは、ゆでてから時間がたっても状態が変わりにくいパスタなので、お弁当向きです。今日はブロッコリーと合わせてパン粉焼きに(p.118)。

また、お弁当にちょっとしたデザートが入っているとうれしいもの。ブルターニュ地方の伝統的なお菓子、ファーブルトンはいかがでしょう(p.126)。材料がシンプルで作りやすく、素朴ですが、もちっとした食感で味わい深いものです。

中学生にもなると、料理の彩りや味に注文が多くなるかもしれませんね。私にも覚えがあります。でもきっと、心の中ではお弁当を楽しみにしているはず。今日のレシピが役立つとうれしいです。

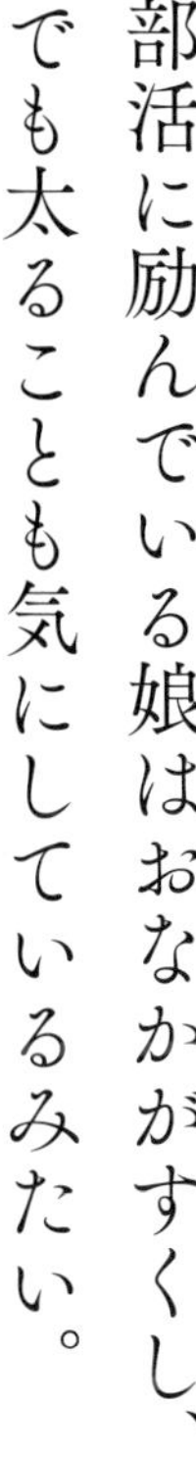

「部活に励んでいる娘はおなかがすくし、でも太ることも気にしているみたい。私の料理にもダメ出しされて…」

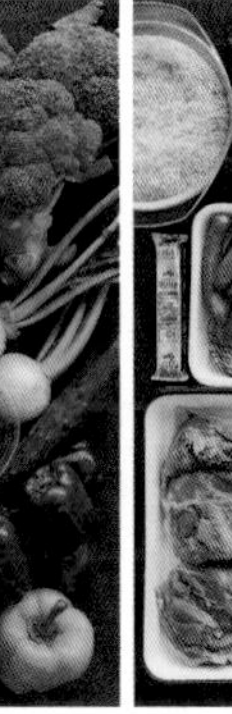

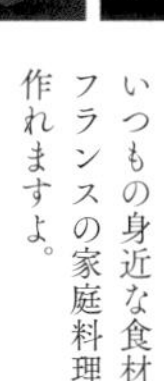

いつもの身近な食材で、フランスの家庭料理が作れますよ。

カレーをお弁当に持っていくなら、香りがマイルドなココナッツミルクカレー。

クロケットのトマトソース
» P.125

スペインオムレツ
» P.123

コーンポタージュ
» P.117

ブロッコリーとペンネのパン粉焼き
» P.118

シャンピニオングレッグ
» P.122

3時間で10品、できあがり！

カマンベールのチーズフォンデュ
P.123

魚とプチトマトのオーブン焼き
P.125

りんごのファーブルトン
P.126

豚肉のソテーピクルスソース
P.122

鶏のココナッツミルクカレー
P.119

教えて、志麻さん！ 1

朝に夕食の下ごしらえまでできると理想。そんな工夫も教えてください。

朝に仕込んでおけば、帰宅後は楽々

魚とプチトマトのオーブン焼き（p.125）は、ぶりに塩こしょうと大葉で下味をつけて、プチトマトを並べた上にのせて焼く料理です。ぶりを下ごしらえしておけば、夕方はオーブンで焼くだけです。

鶏のココナッツミルクカレーも、朝に鶏肉の下味をつけておきましょう。カレーといっても、このレシピは30分ほど煮込めばできあがり。

豚肉のソテー ピクルスソース（p.122）は、野菜を切って、ピクルス液を沸かしたところに入れたら火を止めてそのまま放置。あとは豚肉を焼けばよく、豚肉を焼いたあとのフライパンにピクルスの野菜を漬け汁ごと入れて煮詰めれば、つけ合わせとソースが一度にできます。ピクルスは常備できるし、お弁当の彩りにも使えます。

オーブンの火加減はざっくりと覚える

日本ではオーブンを使いこなしている家庭がまだ少ないように感じます。その理由として、「オーブンは温度と時間の調整が難しい」とおっしゃる方が多いのですが、料理で使うときはあまり厳密

朝に夕飯の下ごしらえをしておきたい。帰宅したら30分で作りたいから。

台所ではいつも手と頭を動かしている。

大丈夫！

に考えないで、多くの場合180〜200度あたりを使うと考えておけばよいと思います。

温度も時間もまずレシピを目安に設定して、時間は仕上がりを見ながら途中でストップするなり延長するなりすればよく、温度も途中で焼け具合を見て、なかなか焼けないようなら上げ、中まで火が通っていないのに焼き色が付きすぎてしまうようなら下げます。こうしたことを何回かくり返しているうちに、温度や時間の感覚がつかめてきます。

グラタンのように、中は火が通っていて表面だけこんがり焼くときは、230度や250度などそのオーブンの最高の温度にして、5分から10分くらいでしょうか、色よく焼けたら取り出します。オーブンを使うようになると、献立の幅が広がり、料理作りも楽になります。

下味をつけておいたり、つけ合わせの野菜を準備したり。

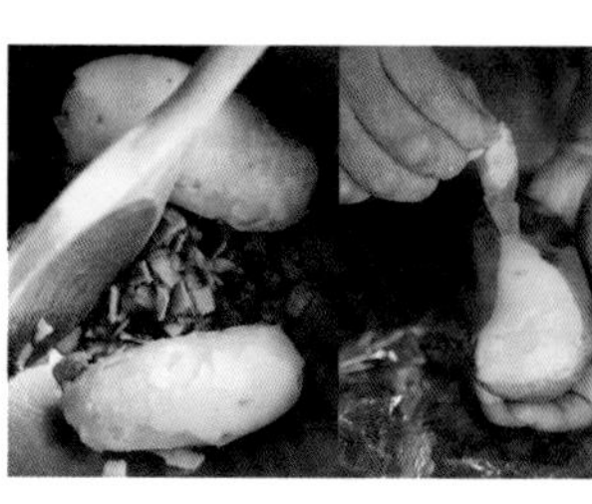

じゃがいもは電子レンジで丸ごと蒸してから皮をむくと簡単だし、おいしい。

ピクルス液を煮立てて野菜を入れて火を止める。朝にここまで仕込んでおけば、帰ったあとが楽。

教えて、志麻さん！ 2

フランスの家庭料理が気軽に作れるようになりたい。コツやおいしく作るポイントは？

手間を省くところと手間をかけるところ

フランスの家庭料理のうれしいところは、コンロやオーブンまかせの料理が多いこと。オーブンは、フランスのお母さんたちを助けている最大の調理道具で火口の一つとして頻繁に使います。焼くだけでなく、煮込みも鍋ごとオーブンに入れています。オーブンのメリットは、熱源が下からだけのコンロと違って、庫内全体に熱を伝えること。ですから、できあがるまで安心して放っておけますし、その間に、サラダなどもう一品が作れます。

ふっと生まれるゆとりの時間、サラダのドレッシングは手作りをおすすめします。「ドレッシングを手作りする余裕なんて」といっていた方も、作ってみると簡単なうえサラダが格段においしくなり、いまでは断然手作り派。「市販のドレッシングを何本も冷蔵庫に並べるより、ずっといい！」とおっしゃいました。

酢と油の基本の割合は1：3。酢に塩、こしょうを加え、十分に溶けたら油を混ぜます。これを基本に、あとはマスタードや好み

豚肉を焼いて取り出して、ピクルスと漬け汁を入れて煮詰める。

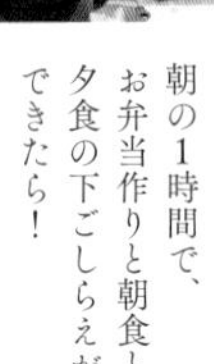

朝の1時間で、お弁当作りと朝食と夕食の下ごしらえができたら！

の香辛料を加えてバリエーションを広げてください。酢も油も、一種類でなく、台所にある何種類かを混ぜると味に幅が出ます。たとえば、りんご酢とワインビネガーと米酢、といった具合です。

大丈夫！

手間をかけるところはかけ、省くところは省いています。また、オーブンを利用すれば楽ですよ。

MES FAVORIS 'potage'

志麻さんのお気に入り

コーンポタージュ

バターで炒めた小麦粉で、クリーミーなコクがプラス

材料と作り方〈4人分〉

コーン缶（ホールタイプ）── 1缶（約400g）
玉ねぎ ── ½個
小麦粉 ── 小さじ1
コンソメキューブ ── 1個
牛乳 ── 400mℓ
バター ── 15g
塩、こしょう ── 各適量

1. 玉ねぎは薄切り。鍋にバターと玉ねぎを入れて塩をふり、くったりするまで炒める。小麦粉をふり入れて粉気が取れるまで炒める。コーン缶を汁ごと入れてよく混ぜ、水150mℓを入れ、強火で沸騰させてアクを取り、コンソメを加える。中火で水分が半分くらいになるまで煮る。

2. 牛乳を加えて、ブレンダーかミキサーでなめらかにする。目の細かいザルがあれば、こすとさらになめらかな口当たりになる。ひと煮立ちさせ、味を見て足りなければ塩、好みでこしょうを加える。

★お弁当に：スープジャーに入れて。

- 冷蔵庫で2〜3日。
- 冷凍できる。冷凍・解凍方法はP.127。

ブロッコリーとペンネのパン粉焼き

ブロッコリーはくったり柔らかくゆでる

材料と作り方〈4人分〉

ブロッコリー ── 2株
ペンネ ── 250g
にんにく ──2かけ
パン粉（生でも乾燥でも）── 適量
粉チーズ ── 適量
オリーブ油 ── 適量
塩、こしょう ── 各適量

1. ブロッコリーは小房に分け、にんにくは半分に切って包丁の腹でつぶす。鍋にたっぷり湯を沸かし、塩を入れる。塩は1ℓの湯に対して大さじ⅔を目安に、飲んでおいしいと思う塩加減。ペンネを袋の表示より5分長めにゆで、ペンネを上げる5分前に、同じ鍋にブロッコリーを入れる（**A**）。ペンネといっしょにザルに上げる。ゆで汁は取っておく。

2. フライパンにオリーブ油大さじ2とにんにくを入れ、弱火で香りを出す。1のゆで汁を50mℓ加えて強火で軽く煮詰め、ペンネとブロッコリーを入れる。味を見て足りなければ塩、好みでこしょうを加える。グラタン皿に移す。

3. パン粉と粉チーズをふり、オリーブ油を回しかける。230～250度のオーブンまたはオーブントースターで、5分を目安に、パン粉を色よく焼く。

★お弁当に：
ペンネは時間がたっても状態が変わりにくく、お弁当向き。

A

ブロッコリーがソースになるので、小さめに切って、軸が指でつぶせるくらいまで柔らかくゆでる。

- 冷蔵庫で2～3日
- 2の状態で冷凍。冷凍・解凍方法は**P.127**。

柔らかい風味だから
ごはんを添えずにこれだけでもおかずになる

鶏のココナッツミルクカレー

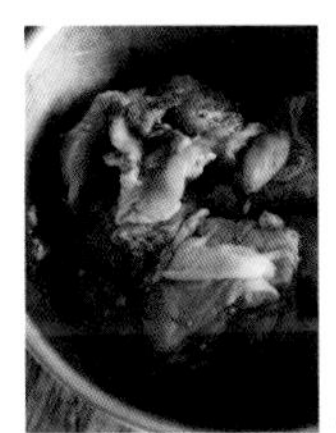
A
朝はここまで準備。

B
鶏肉は表面を焼いたらいったん出して、あとで戻すとかたくならない。

材料と作り方〈4人分〉

鶏もも肉 ── 200g
玉ねぎ ── 1個
トマト ── 2個
赤・黄パプリカ ── 各1個
ピーマン ── 4個
にんにく ── 1かけ
カレー粉 ── 小さじ1
ココナッツミルク ── 1缶（400g）
コンソメキューブ ── 1個
塩、こしょう、油 ── 各適量
ごはん ── 適量

1. 鶏肉を大きめに切り、にんにくをすりおろす。鶏肉ににんにく、カレー粉、塩こしょうを混ぜてよくもみ、15分以上置く（A）。玉ねぎは薄切り、トマトはざく切り。パプリカとピーマンは細切り。

2. 鍋に油をひいて強火にかけ、鶏肉の表面をこんがり焼く。鶏肉を取り出して、玉ねぎを入れ、パプリカの半量を入れて、鍋についたうまみをこそげながら炒める。しんなりしたらトマトを加え、コンソメとココナッツミルクを加えて、ふたをして10分煮る。ブレンダーかミキサーでなめらかにする。

3. 鶏肉を戻し入れ（B）、残りのパプリカを加えて10分煮る。ピーマンを加えてしんなりするまで約5分煮る。味を見て足りなければ塩、好みでこしょうを加える。ごはんとともに盛る。

★お弁当に：
スープジャーに入れて。冷めてもおいしいので、お弁当箱に詰めて持っていってもいい。

•冷蔵庫で2〜3日
•冷凍できる。冷凍・解凍方法はP.127。

シャンピニオングレッグ » P.122

カマンベールの
チーズフォンデュ
» P.123

スペインオムレツ

» P.123

豚肉のソテー ピクルスソース

» P.122

豚肉のソテー　ピクルスソース

ピクルスが最高のソースになる

材料と作り方〈4人分〉

豚ロース肉（厚切り）── 4枚
塩、こしょう ── 各適量
白ワイン（なければ日本酒）── 100mℓ
油 ── 適量

ピクルスの野菜

玉ねぎ ── 1個
にんじん ── 1本
かぶ ── 1個
きゅうり ── 2本

ピクルス液

酢、白ワイン ── 各200mℓ
砂糖 ── 大さじ3
ローリエ ── 1枚
塩 ── 大さじ1
粒こしょう（あれば）── 適量

1. ピクルスを作る。野菜は2cm角に。鍋にピクルス液の材料と水200mℓを入れて火にかけ、塩と砂糖を溶かす。沸騰したら、野菜を加えて火を止め、余熱で火を通す（**A**）。

A 朝にここまで準備。

2. 豚肉に塩こしょうし、油をひいたフライパンで強火で焼く。肉を取り出し、あとのフライパンに白ワインを入れて強火にし、こびりついたうまみをこそげ取って煮溶かす。

3. 2のフライパンに1の野菜とピクルス液をそれぞれ半量入れて、強火で煮詰める。最後に豚肉を戻し入れて1分ほど煮る。

★お弁当に：
ピクルスは1週間は持つので、
常備しておけば野菜のおかずに重宝。

- ピクルスは冷蔵庫で1週間。

シャンピニオングレッグ

きのことトマトのギリシア風煮込み

材料と作り方〈4人分〉

マッシュルーム ── 2パック
しめじ ── 1パック
エリンギ ── 1パック
玉ねぎ ── ½個
トマト缶 ── 1缶（400g）
白ワイン── 100mℓ
砂糖 ── 大さじ1
ローリエ ── 1枚
クミン（あれば）── 少々
塩、こしょう ── 各適量
オリーブ油 ── 適量

1. マッシュルームは大きいものは半分に、しめじは大きめにほぐす。エリンギはこれらと同じくらいの大きさに切る。玉ねぎはみじん切りにする。

2. フライパンにオリーブ油をひいて玉ねぎを入れ、軽く塩をして、弱めの中火でしんなりするまで炒める。きのこを入れて強火で炒めて油を回し、トマト缶を汁ごと加えて、白ワイン、砂糖を入れる（**A**）。塩小さじ1とこしょうをふって、ローリエ、クミンを入れる。ふたをして中火で10分煮込み、ふたを取ってソースがからまるくらいまで煮詰める。

A 砂糖でトマトの酸味を和らげる。

★お弁当に：
冷菜で食べてもおいしいので、そのままお弁当に。
豚肉や鶏肉を炒めて、この煮込みと合わせて入れても。

- 冷蔵庫で2〜3日。
- 冷凍できる。冷凍・解凍方法はP.127。

スペインオムレツ

半熟で出して焼き直して、ふんわり分厚く

材料と作り方〈直径18cmのフライパン〉

卵 ── 7~8個
合いびき肉 ── 200g
じゃがいも ── 2~3個
玉ねぎ ── 1個
塩、こしょう ── 各適量
油 ── 適量

1. じゃがいもは丸ごとラップで包み、600Wの電子レンジに約6分かけ、柔らかくする。皮をむいて2cm角に。玉ねぎは小角切り。卵は溶いて軽く塩こしょう。

2. フライパンに油をひき、玉ねぎに軽く塩をして炒める。強火にしてひき肉を加え、塩をひとつまみとこしょうを加える。肉の色が変わったらじゃがいもを混ぜる。卵を加えて、大きく混ぜながら半熟にして（A, B）ボウルに取り出す（C）。

3. フライパンを洗って油をひき、2を戻してこんがり焼く。皿を使って返し、もう片面もこんがり焼く。

A 厚く焼きたいので、この分量の材料にはこの大きさのフライパンを。

B フライパンに接している面が焼けたら、大きく混ぜながら半熟にする。

C 半熟状態でいったん取り出す。手間なように見えるが、実は分厚いオムレツが短時間できれいに焼ける。

★お弁当に：
具をブロッコリーやトマトにすると、彩りもいい。

- 冷蔵庫で2~3日。
- 冷凍するときは、じゃがいもを入れずに。
  冷凍・解凍方法はP.127。

カマンベールのチーズフォンデュ

チーズはオーブントースターで溶かす

材料と作り方〈作りやすい分量〉

カマンベールチーズ ── 2個
白ワイン ── 大さじ2
にんにく ── 2かけ
じゃがいも ── 2個
にんじん ── 1本
ブロッコリー ── 1株
ソーセージ ── 8本

1. じゃがいもは丸ごとラップで包み、600Wの電子レンジに5~6分かけ、柔らかくする。皮つきのまま大きく切る。

2. にんじんは太めの棒状に切る。ブロッコリーは小房に分ける。鍋に湯を沸かし、にんじん、ブロッコリー、ソーセージの順に入れて、野菜は歯ごたえを残してゆで、一度にザルに上げる。

3. にんにくは半分に切って包丁の腹でつぶす。チーズに十字に切り込みを入れ、にんにくをはさむ。耐熱皿に入れて、オーブントースターで柔らかくする。途中で白ワインをチーズの上に大さじ1ずつかける。野菜とソーセージをチーズにディップして食べる。

★お弁当に：
ゆでた野菜をお弁当の彩りに。

- 作ったその日に食べる。

クロケットの
トマトソース
魚とプチトマトの
オーブン焼き

魚とプチトマトのオーブン焼き

ぶりをマリネして、あとは焼くだけ

材料と作り方〈4人分〉

ぶり(切り身) ── 4切れ
プチトマト ── 2〜3パック
大葉 ── 4〜6枚
ローリエ ── 2〜3枚
酢 ── 小さじ½
オリーブ油 ── 大さじ4
塩、こしょう ── 各適量

1. ぶりにしっかり塩こしょうして数分置き、水分をふく。大葉2枚をちぎって散らし、オリーブ油大さじ1をかける(A)。

2. グラタン皿にプチトマトを敷き詰め、塩と好みでこしょうをふって、オリーブ油大さじ2を回しかけ、ローリエを散らす(B)。200度のオーブンで約10分焼く。1のぶりをのせ、200度に熱したオーブンで10分ほど焼く。

3. ボウルに残りの大葉をちぎって入れ、酢、オリーブ油大さじ1と、こしょう少々を入れ、スプーンで大葉をつぶしながら混ぜる。仕上げに魚にかける。

A
朝にここまで準備。

B
プチトマトだけを先に10分焼く。

★お弁当に:
ぶりとトマトをいっしょに詰めても、ぶりだけでも。

•冷蔵庫で翌日まで。

クロケットのトマトソース

フランス風コロッケを手軽に

材料と作り方〈作りやすい分量〉

じゃがいも ── 5個
ベーコン(厚切り) ── 8枚
パセリ ── 1束
ピザ用チーズ(好みで) ── 適量
卵 ── 1個
小麦粉、パン粉、油 ── 各適量

トマトソース
玉ねぎ ── ¼個
にんにく ── 1かけ
トマト缶(カット) ── 1缶(400g)
塩、こしょう ── 各適量
油 ── 適量

1. じゃがいもは丸ごとラップで包み、600Wの電子レンジに約8分かけ、柔らかくする。ベーコンは角切りにして軽く炒める。パセリは刻む。

2. じゃがいもは皮をむいてつぶし、ベーコン、パセリ、好みでチーズを混ぜる。ピンポン玉大に丸め(A)、小麦粉、溶き卵、パン粉をつける。少量の油で、ときどき転がしながら焼く(B)。

3. トマトソースを作る。玉ねぎは薄切り、にんにくはみじん切りにし、軽く塩をして油で炒める。玉ねぎがしんなりしたら、トマト缶を汁ごと、水100㎖を加え、煮詰める。味を見て足りなければ塩、好みでこしょう。器にソースを敷いて2を盛る。

A
朝にここまで準備。

B
油の量は少なめでOK。

★お弁当に:
多めの油で中まで熱々に揚げると安心。

•冷蔵庫で2〜3日。
•冷凍できる。冷凍・解凍方法はP.127。

MES FAVORIS 'dessert'
志麻さんのお気に入り

りんごのファーブルトン

**シンプルな材料ですぐに作れる
気取らない地方菓子**

材料と作り方
〈250mlのココット6個分〉

りんご —— 1個
バター —— 20g
砂糖 —— 大さじ10
薄力粉 —— 100g
卵 —— 2個
牛乳 —— 500ml

1. りんごは皮つきのまま4等分し、芯を取って一口大に切る。フライパンにバターを溶かし、りんごと砂糖大さじ1を入れ、りんごに砂糖とバターをからめ、砂糖が溶けてキャラメル色になるまで焼きつける。

2. ボウルに薄力粉、残りの砂糖を合わせて、卵を加えて混ぜる。牛乳を人肌に温め、ボウルに少しずつ加えながら、混ぜる。

3. 型にバター（分量外）をたっぷりぬり、2を流し、1のりんごを入れる。200度に熱したオーブンで20～30分焼く。つまようじを刺して、何もつかなければOK。

MEMO

・1でりんごを混ぜすぎると、水分が出て色がつきにくい。動かさずに色づくのを待つ。

・フルーツは、洋なしや桃、いちごなど水分が多いものは、りんごと同じようにバターで炒めて砂糖を焼きつけて加える。ドライプルーンやバナナならそのまま。

★お弁当に：
こんなデザートが入っていると、うれしいもの。

- 冷蔵庫で2～3日。
- プルーンなど水分の少ないフルーツで作ったときは、冷凍できる。冷凍・解凍方法はP.127。

おいしさを保つ冷凍保存の方法

本書のレシピには冷凍できるものがいくつもあります。
多めに作って冷凍しておけば、忙しい毎日の食事に重宝します。
おいしさを保つ冷凍のポイントと、おいしく食べるコツを押さえておきましょう。

冷凍するとき

POINT 1

清潔な容器で

保存する袋や容器は、清潔で水分がついていないものを使います。容器に移すときは、清潔な箸やスプーンで。

POINT 2

空気に触れない「落としラップ」のワザで

ラップを料理に密着させて、空気に触れないようにします。フリージングパックに入れるときも、できるだけ空気を抜きます。

ふたとの間に空気の層があると、乾燥や酸化が進んで冷凍焼けしやすい。ラップで密着させてからふたをして、冷凍庫へ。

POINT 3

急速に冷やす

冷凍に時間がかかると、中の水分が氷の大きな結晶になって冷凍焼けの原因になります。家庭の冷凍庫では、食材をなるべく平たくする、金属のトレイにのせたりはさんだりするなどの工夫で、できるだけスピーディに中まで冷凍します。

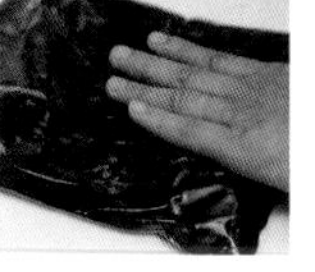

平たくして、空気を抜いて密封。

POINT 4

汁といっしょに保存

ポトフやゆで豚、ゆで鶏などは、ゆで汁といっしょに冷凍すると具材の乾燥が防げます。

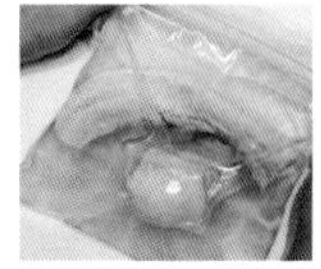

ゆでた豚かたまり肉を、ゆで汁といっしょに保存。（ゆで豚のソテー いんげん添え：P.64）

食材も上手に冷凍・解凍

加熱する前の食材を冷凍するときは、必ず、ラップでぴっちり包み直します。魚の切り身や薄切り肉は1枚ずつ包んでください。どんなに時間がなくても、買ったときのトレイのまま冷凍庫へ入れないで。
解凍は、半日から1日前に冷蔵庫に移して自然解凍するのがベストで、ドリップが出にくい方法です。急いで解凍するときは、流水につけたり電子レンジの解凍機能を利用してください。
解凍した肉は表面がぬれていることが多いので、キッチンペーパーできちんとふきます。水分がついたまま調理すると、焼き色がつかず、おいしい肉汁が流れ出てしまいます。

冷凍した料理を食べるとき

CASE 1

グラタンやパン粉焼きは、中まで熱してから高温でカリッと焼く

表面にチーズやパン粉をふって焼いた料理の解凍は、まず電子レンジで中まで熱してから、高温のオーブンやオーブントースターで表面をカリッと焼きます。オーブンだけでは中まで温まる前に焦げてしまいます。

CASE 2

揚げ物は、冷凍のままたっぷりの油で揚げる

揚げたり揚げ焼きする料理を、揚げる手前の状態で冷凍した場合は冷凍のままたっぷりの油で揚げます。揚げてから冷凍した場合は電子レンジで中まで熱してから、高温のオーブンやオーブントースターでカリッとさせます。

タサン志麻（たさん・しま）
料理家・家政婦。
大阪あべの・辻調理師専門学校、同グループ・フランス校卒業。フランスの三ツ星レストランで修業後、日本の老舗フレンチレストランなどで約15年のキャリアを積む。2015年、フリーランスの家政婦として独立。質の高い料理が評判となり、「予約の取れない伝説の家政婦」として注目される。2018年、NHK「プロフェッショナル　仕事の流儀」に登場、年間最高視聴率を記録。「家族そろって楽しく語らいながら囲む温かい食卓づくり」を目指し、日々料理と向き合っている。フランス人の夫、2人の息子の4人暮らし。
料理レシピ本大賞入賞受賞の『志麻さんのプレミアムな作りおき』（ダイヤモンド社）ほか著書多数。
https://shima.themedia.jp/

伝説の家政婦
志麻さんがうちに来た！

STAFF
デザイン　天野美保子
撮影　木村 拓（東京料理写真）
スタイリング　大畑純子
編集協力　二宮信乃　艸場よしみ　平田麻莉
編集　三宅礼子
校正　株式会社円水社

撮影協力
◆UTUWA　TEL 03-6447-0070

発行日　2020年3月30日　初版第1刷発行
2020年9月10日　初版第7刷発行

著　者　タサン志麻
発行者　秋山和輝
発　行　株式会社世界文化社
〒102-8187　東京都千代田区九段北 4-2-29
TEL 03-3262-5118（編集部）
TEL 03-3262-5115（販売部）
印刷・製本　大日本印刷株式会社

ISBN978-4-418-20304-8